Ullstein Krimi

Ullstein Buch Nr. 10024
im Verlag Ullstein GmbH,
Frankfurt/M – Berlin – Wien
Übersetzt von Brigitte Walitzek

Printed in Germany 1980
Druck und Verarbeitung:
Ebner Ulm
ISBN 3 548 10024 4

CIP-Kurztitelaufnahme
der Deutschen Bibliothek

Alfred Hitchcocks Kriminalmagazin. –
Frankfurt/M, Berlin, Wien: Ullstein.
Einheitssacht.: Alfred Hitchcock's
mystery magazine <dt.>
NE: Hitchcock, Alfred [Hrsg.]; EST
Bd. 112. Zehn Kriminalstories mit Pfiff
und Pointe / hrsg. von Walter Spiegl.
[Übers. von Brigitte Walitzek]. – 1980.
(Ullstein-Bücher; Nr. 10024:
Ullstein-Krimi)
ISBN 3-548-10024-4
NE: Spiegl, Walter [Hrsg.]

In der Reihe
Ullstein Bücher
Alfred Hitchcocks
Kriminalmagazine

Band 71 (1661)
Band 73 (1679)
Band 75 (1709)
Band 76 (1721)
Band 77 (1733)
Band 78 (1746)
Band 79 (1758)
Band 80 (1764)
Band 81 (1770)
Band 82 (1780)
Band 83 (1787)
Band 84 (1793)
Band 85 (1811)
Band 86 (1817)
Band 87 (1829)
Band 88 (1835)
Band 89 (1841)
Band 90 (1853)
Band 91 (1865)
Band 92 (1871)
Band 93 (1877)
Band 94 (1883)
Band 95 (1889)
Band 96 (1901)
Band 97 (1907)
Band 98 (1913)
Band 99 (1919)
Band 100 (1925)
Band 101 (1937)
Band 102 (1943)
Band 103 (1949)
Band 104 (1955)
Band 105 (1961)
Band 106 (1973)
Band 107 (1979)
Band 108 (1985)
Band 109 (1991)
Band 110 (10006)
Band 111 (10018)

ALFRED HITCHCOCKS KRIMINALMAGAZIN

BAND 112

ZEHN KRIMINALSTORIES
MIT PFIFF UND POINTE

Herausgegeben
von Walter Spiegl

ein Ullstein Buch

Inhalt

Richard Deming

Der Schlaf des Gerechten

Wie üblich wurden die Cocktails um genau halb sechs Uhr serviert, und um Punkt sechs setzte man sich zum Abendessen an den Tisch. Wie üblich bedeutete Amos Crowder das Ende des Mahles, indem er sich genau um Viertel vor sieben von seinem Stuhl erhob. Im Haus der Crowders war alles auf den Bruchteil einer Sekunde genau geplant.

Während sein Gast- und Arbeitgeber den Weg vom Eßzimmer in das riesige Wohnzimmer anführte, dachte Peter Abbot, daß es nur verständlich war, daß die immer gleiche Routine die junge Frau des ehemaligen Industriellen langsam in den Wahnsinn trieb. Abbot war der Sekretär des älteren Mannes und mußte sich nur vierzig Stunden pro Woche an den unveränderlichen Zeitplan halten, nach dem Amos Crowders Leben eingeteilt war. Plus Mittwoch abends. Da war er immer bei den Crowders zum Essen eingeladen. Aber das ließ sich alles aushalten. Vivian dagegen war dazu verurteilt, sich dem Zeitplan vierundzwanzig Stunden pro Tag und sieben Tage pro Woche zu unterwerfen.

Vivian ließ sich in ihrem gewohnten Sessel im Wohnzimmer nieder, und Abbot setzte sich wie üblich auf das Sofa. Manchmal hatte er das Bedürfnis, einen anderen Sitzplatz zu wählen, nur um den abgezirkelten Rhythmus seines Arbeitgebers zu durchbrechen, aber er tat es nie. Selbst eine so winzige Veränderung wie eine andere Sitzordnung hätte Amos aus dem Gleichgewicht gebracht.

Wie er es immer gleich nach dem Essen tat, hielt Amos Crowder einen Augenblick lang seine Hände vor das brennende Kaminfeuer, wobei er seiner Frau und seinem Sekretär den Rücken zuwandte. Mit fünfundsechzig war er immer noch kräftig; er hielt sich sehr gerade und sah auf eine strenge Art noch gut aus. Seine Haut war immer noch glatt und faltenfrei, und sein Haar, das bereits völlig weiß war, war immer noch dicht und lockig und sorgfältigst gekämmt.

Vivian nutzte den Augenblick, um Peter Abbot hinter dem Rükken ihres Mannes einen Kuß zuzuwerfen. Der gutaussehende Sekretär schüttelte warnend den Kopf.

Nach genau dreißig Sekunden hatte Crowder seine Hände genug aufgewärmt, drehte sich um und sagte: »Ich hole den Kaffee.«

Auch dies war ein Ritual. Obwohl die Crowders eine Haushälterin, Köchin und ein Mädchen beschäftigten, wurden dic Drinks immer von Amos persönlich gemixt und serviert. Vor dem Essen hatte er die Martinis in der Bar zubereitet, die eine Ecke des Wohnzimmers beherrschte. Jetzt würde er sich in die Küche zurückziehen und mit einem Tablett und drei Bechern mit Irish Coffee wieder auftauchen. Niemals wurde im Haus der Crowders normaler Kaffee nach dem Essen gereicht. Immer war es Irish Coffee, der nach dem Essen im Wohnzimmer aufgetragen wurde.

Als Amos in Richtung Küche verschwand, warf Peter Abbot Vivian ein liebevolles Lächeln zu. Sie war ungefähr dreißig, blond, schlank und hatte ein sehr hübsches Gesicht, das aber nur selten lächelte. Sie war fünf Jahre lang Amos Crowders Privatsekretärin gewesen und hatte ihn an dem Tag geheiratet, an dem er sich vor einem Jahr aus seiner Stellung als Direktor der Crowder-Werke zurückzog. Es war ihre erste und des Industriellen zweite Ehe. Abbot hatte die erste Frau nie gekannt, vermutete aber, daß sie eine stille, kleine Frau gewesen sein mußte, die die strikte Routine der Ehe mit Crowder vierzig Jahre lang geduldig ertragen hatte, bis sie vor zwei Jahren starb. In all den vierzig Jahren hatte es keine Kinder gegeben.

Vivian sagte mit sanfter Stimme: »Liebst du mich noch?«

»Natürlich«, antwortete er leise. »Aber wir haben jetzt keine Zeit, uns darüber zu unterhalten.«

Das Unvermeidliche war passiert. In den sechs Monaten, in denen er als Privatsekretär Amos Crowders im Haus beschäftigt war, hatte Peter sich oft gefragt, wie ein offensichtlich intelligenter Mann wie Amos seine junge Frau in fast ständigen Kontakt mit einem gutaussehenden, ungebundenen Mann ihres eigenen Alters bringen konnte, ohne vorherzusehen, was sich daraus entwickeln würde. Man konnte nämlich nicht sagen, daß Peter in seiner Stellung voll ausgelastet war. Außer der Erledigung von Amos' recht begrenzter Korrespondenz bestand seine Hauptaufgabe darin, die Memoiren des ehemaligen Industriellen vom Diktiergerät abzutippen. Weil Amos sich einen guten Teil des Tages diktierend mit dem Gerät in sein Zimmer einschloß, hatte Peter viel freie Zeit. Und mit zwei Dienstboten im Haus ging es Vivian ebenso.

Man hätte genau vorhersagen können, was geschehen würde. Am Anfang war Peter nur eine willkommene Abwechslung in Vivians eintönigem Leben gewesen. Dann, allmählich und ohne daß die beiden wußten, wann es eigentlich angefangen hatte, stellte sich eine Vertrautheit zwischen ihnen ein, die sich in kleinen, aber vielsagenden Dingen offenbarte. Bei einer zufälligen Berührung ihrer Hände zuckten die beiden zurück, als hätten sie einen elektrischen Schlag bekommen. Manchmal starrten sie sich lange schweigend an, um dann gleichzeitig schuldbewußt die Augen niederzuschlagen. Dann war der Tag gekommen, an dem sie allein im Wohnzimmer saßen und die Augen nicht mehr niederschlugen. Statt dessen hatte Peter sie in die Arme genommen, und sie hatte sich leidenschaftlich an ihn geklammert.

Danach hatte es heimliche Treffen außerhalb des Hauses gegeben. Nachts, wenn Amos schlief. Das war nicht schwierig zu bewerkstelligen, denn Amos' Schlafgewohnheiten waren genauso strikt wie sein ganzes Leben. Er litt unter Schlaflosigkeit, nahm jeden Abend genau um zehn Uhr eine Schlaftablette und zog sich um halb elf zurück. Um Viertel vor elf fiel er regelmäßig in tiefen Schlaf, aus dem er erst um sieben Uhr am nächsten Morgen wieder erwachte. Keiner der beiden Dienstboten wohnte im Haus, und weil Vivian und ihr Mann getrennte Schlafzimmer hatten, war es für sie nicht besonders schwer, unbemerkt aus dem Haus zu schlüpfen.

»Wir müssen darüber reden«, sagte Vivian. »Er kann uns in der Küche nicht hören. Ich halte es nicht mehr länger aus, Liebling. Ich komme mir vor wie im Gefängnis.«

»Verlaß ihn doch«, bat Peter. »Als ich sagte, daß ich dich liebe, habe ich auch alles andere gemeint, das dazugehört. Laß dich von ihm scheiden und werde meine Frau.«

»Und von was sollen wir leben?« wollte sie wissen.

Er wurde rot. Trotz seiner dreißig Jahre konnte man von Peter Abbot nicht behaupten, er sei ein gemachter Mann. Im Laufe der Jahre hatte er eine ganze Reihe verschiedener Jobs als kleiner Angestellter bei verschiedenen Firmen hinter sich gebracht. Keiner davon bot irgendwelche Zukunftsaussichten. Seine gegenwärtige Stellung als Sekretär bei Amos Crowder war zwar nicht schlecht bezahlt, würde aber natürlich ihr Ende finden, wenn er mit dessen Frau durchbrannte. Er konnte ihr wirklich nicht viel bieten.

»Wir können uns doch nicht bis in alle Ewigkeit in dunklen Gassen treffen«, murrte er. »Wir müssen etwas unternehmen.«

»Ich weiß«, sagte sie. »Und ich habe mir auch schon etwas ausgedacht. Wir reden darüber, wenn wir allein sind. Können wir uns morgen nacht treffen?«

»Warum nicht heute?«

Sie zog eine Grimasse. »Heute ist Mittwoch.«

Er spürte, wie ihm die Röte ins Gesicht kroch. Er verfluchte Amos Crowder und seinen unveränderlichen Zeitplan. Mittwoch nachts gewährte er seiner Frau die Ehre, sein Bett teilen zu dürfen.

Sie hörten Amos aus der Küche kommen und brachen ihre Unterhaltung ab. Der ältere Mann kam mit einem Tablett ins Zimmer, auf dem drei Kaffeetassen standen. Jede Tasse wurde von einem dicken Schlag Sahne gekrönt.

Irish Coffee ist nichts anderes als schwarzer Kaffee mit einem Schuß irischen Whiskey und einem Häufchen Sahne obendrauf. Peter machte sich nicht besonders viel daraus, aber wenn man mit Amos Crowder speiste, fügte man sich seinem Geschmack. Und seit Amos einmal beschlossen hatte, Irish Coffee sei der perfekte Drink nach dem Essen, bot er seinen Gästen nie mehr etwas anderes an.

Die Mittwochabendunterhaltung drehte sich unweigerlich um das gleiche Thema. Amos und Peter diskutierten über die Fortschritte von Amos' Memoiren, während Vivian schweigend zuhörte. Nach Peters Meinung war das jetzt zu einem Drittel fertiggestellte Buch unglaublich eintönig und langweilig, aber Amos betrachtete es offensichtlich als literarisches Meisterwerk. Im Interesse der Arbeitsplatzerhaltung sagte Peter jedoch selbstverständlich nichts, was den Glauben seines Arbeitgebers hätte erschüttern können.

Amos hatte einen Brief eines Literaturagenten in New York erhalten, den er Peter jetzt zeigte. Er hatte auf eine Annonce des Agenten geantwortet, der sich erbot, gegen eine Lesegebühr Manuskripte zu begutachten und die verkäuflichen unter ihnen zu vermarkten. Amos hatte ihm drei Kapitel und einen kurzen Überblick über die gesamten Memoiren zusammen mit einem Scheck zugesandt.

Glaubte man dem Antwortbrief des Agenten, bot das Buch große literarische Möglichkeiten, und er war für eine weitere Lesegebühr bereit, verlegerische Ratschläge zu erteilen und jedes Kapitel sofort nach Fertigstellung zu überarbeiten. Die ganze Sache ließe sich per Post erledigen, schrieb er, aber falls es dem Autor möglich wäre, nach New York zu kommen, wäre eine persönliche Unterredung von unschätzbarem Wert.

»Ich habe keine Lust, nach New York zu fliegen«, sagte Amos. »Das würde meinen ganzen Zeitplan über den Haufen werfen. Aber Sie wissen ja genausoviel über das Buch wie ich selbst. Deshalb wünsche ich, daß Sie mit dem Mann reden. Sie könnten Sonntag nacht nach New York fliegen, am Montag mit ihm reden und noch in der gleichen Nacht zurückkommen.«

»In Ordnung«, stimmte Peter zu. »Mit dem Flugzeug dauert es ja nur zwei Stunden.«

Um genau fünfundzwanzig Minuten nach sieben kam das Mädchen ins Zimmer, um die leeren Tassen abzuräumen. Fünf Minuten später verließen sie und die Haushälterin das Haus. Um acht Uhr stand Amos auf und holte das Tonbandgerät, das auf der Bar lag.

»Sie haben doch alles abgeschrieben, was ich heute morgen diktiert habe, oder?« fragte er seinen Sekretär.

»Ja natürlich«, antwortete Peter. »Das Manuskript liegt auf Ihrem Schreibtisch.«

»Ich habe große Lust, ein neues Kapitel anzufangen«, sagte Amos. »Ich glaube, ich werde noch eine Stunde lang diktieren. Sie entschuldigen mich bitte.«

»Sicher«, sagte Peter und erhob sich ebenfalls. »Ich werde dann heute früher nach Hause gehen, falls Vivian nichts dagegen hat.«

Er war etwas überrascht, denn dies stellte eine Abweichung von der gewohnten Routine dar. Wenn Peter sonst mittwochs zum Essen blieb, diskutierten Amos und er das Buch immer bis um neun; erst dann zog sich Amos in sein Schlafzimmer zurück, um das Tagespensum zu überlesen oder noch eine Stunde lang zu diktieren, und das war für Peter das Signal zum Aufbruch. Bisher hatte Amos noch nie einen Abend so früh abgebrochen.

Vivian begleitete Peter zur Tür, während Amos mit dem Tonbandgerät hinauf in sein Arbeitszimmer ging. Sie drückte seine

Hand mit festem Griff.

»Morgen nacht?« flüsterte sie.

»Wenn du glaubst, daß es ungefährlich ist.«

»Es ist immer ungefährlich, außer mittwochs. Dem Himmel sei Dank für die Schlaftabletten. Gleiche Stelle, gleiche Zeit?«

»Hmm«, sagte er. »Danke fürs Essen.«

Am nächsten Morgen rief Peter am Flughafen an und stellte fest, daß er Sonntag abends um sechs Uhr ein Flugzeug nach New York bekommen konnte. Er ließ sich einen Platz reservieren, ebenfalls für den Rückflug am Montag abend um acht Uhr.

An diesem Tag sah er Vivian kaum, weil sie den ganzen Nachmittag zum Einkaufen unterwegs war.

Um Mitternacht parkte Peter in der Kurve in der Nähe des Elefantenhauses im Forest Park. Nur wenige Augenblicke später hielt hinter ihm ein Cabriolet mit geschlossenem Verdeck. Peter stieg aus seinem Auto, knöpfte den Mantel zum Schutz vor der Kälte zu, ging zu dem Cabriolet und stieg auf der Beifahrerseite ein. Das Auto hatte Standheizung und war trotz des Segeltuchdachs angenehm warm.

Vivian schmiegte sich an ihn und küßte ihn leidenschaftlich.

Nach kurzer Zeit fragte er: »Motel?«

»Heute nicht. Wir haben etwas zu bereden.«

»Was?«

»Was wir unternehmen wollen. Wie du gestern nach dem Essen gesagt hast, können wir nicht ewig so weitermachen. Aber wenn ich Amos verlasse, stehen wir ohne einen Cent da. Er wird jede finanzielle Abfindung ablehnen. Ich kenne ihn.«

»Ich kann sonstwo Arbeit finden«, sagte Peter nicht sehr überzeugt.

»Oh, sicher. Für einen Apfel und ein Ei. Nachdem ich den Luxus einmal geschmeckt habe, habe ich nicht die Absicht, jemals wieder den Pfennig umdrehen zu müssen, Peter. Ich will dich und Amos' Geld.«

»Das wäre nicht schlecht, aber wie willst du das anstellen?«

Sie lehnte den Kopf an seine Schulter und flüsterte gegen seine Brust: »Hättest du etwas dagegen, eine reiche Witwe zu heiraten?«

Er erstarrte. »Das ist doch nicht dein Ernst.«

Sie hob den Kopf und versuchte, ihm ins Gesicht zu sehen. »Ich habe noch nie etwas so ernst gemeint. Liebst du mich wirklich? Genug, um es zu beweisen?«

»Natürlich liebe ich dich. Aber Mord?«

»Ist es dein Gewissen oder die Angst, erwischt zu werden, was dich beunruhigt?«

Nach kurzer Überlegung sagte er widerwillig: »Wahrscheinlich der Gedanke daran, geschnappt zu werden. Ich empfinde keine besondere Sympathie für Amos. Aber es würde mir gar nicht gefallen, unsere Flitterwochen in der Gaskammer zu verbringen.«

»Man wird uns nicht erwischen«, sagte sie. »Ich habe einen idiotensicheren Plan.«

»Bestimmt. Die meisten Burschen in der Todeszelle hatten das auch.«

»Aber mein Plan ist wirklich hieb- und stichfest«, versicherte sie ihm. »Dank der Schlaftabletten schläft er wie ein Murmeltier. Er würde nie hören, wenn ein Einbrecher bei uns im Haus herumliefe. Was wäre, wenn er von einem Einbrecher umgebracht würde, und zwar zu einer Zeit, für die wir beide perfekte Alibis haben?«

»Was für Alibis?«

»Deins liegt doch auf der Hand. Der Einbrecher wird um Mitternacht ins Haus kommen, und zwar am Sonntag, wenn du in einem Hotel in New York abgestiegen bist.«

Er runzelte die Stirn. »Willst du ihn umbringen?«

Sie schüttelte den Kopf. »Nein, du. Ich sagte abgestiegen. Ich sagte nicht, daß du auch tatsächlich dort sein wirst. Aber niemand wird jemals das Gegenteil beweisen können.«

»Vielleicht erklärst du mir das mal näher«, sagte er. »Ich komme da nicht mit.«

»Ich war heute am Flughafen. Dein Flug kommt um 20.01 Uhr in New York an. Von dort aus startet ein Flugzeug hierher um genau 21.35 Uhr. Das gibt dir eine Stunde und vierunddreißig Minuten, um in dein Hotel zu fahren, dich einzutragen, so lange in deinem Zimmer zu bleiben, daß der Portier denkt, du bist schon ins Bett gegangen, dich über den Hinterausgang hinauszuschleichen und mit dem Taxi zurück zum Flughafen zu fahren. Du fliegst unter falschem Namen hierher zurück, wo du um 23.28 Uhr ankommst. Um

2.00 Uhr kannst du ein Flugzeug zurück nach New York bekommen. Du wärst dann um 3.58 Uhr wieder dort, kannst dich, noch bevor es hell wird, ins Hotel zurückschleichen, und keiner wird ahnen, daß du es überhaupt verlassen hast.«

Er rechnete schweigend nach. »Das läßt mir ungefähr zweieinhalb Stunden, um vom Flughafen zu eurem Haus zu fahren, die Sache zu erledigen und wieder zurückzufliegen. Wahrscheinlich reicht das. Falls alle drei Flüge pünktlich sind. Aber wenn eine der Maschinen Verspätung hat?«

»Bei der letzten spielt es keine Rolle. Nur wenn der erste Flug nach New York oder der Rückflug hierher zu große Verspätung haben, wäre das schlecht. Aber dann vergißt du die ganze Sache einfach, und wir warten auf eine andere Gelegenheit. Das einzige, was wir dabei verlieren können, ist das Geld für die Flugtickets.«

Er überlegte. »Ich brauche noch Reservierungen für die beiden Extraflüge.«

»Das kann man telefonisch erledigen. Um deine Spur zu verwischen, werden wir sie unter zwei verschiedenen falschen Namen buchen. Ich könnte das morgen für dich erledigen und auch die Tikkets abholen.«

»Dräng mich nicht«, sagte Peter. »Und wie mache ich es überhaupt? Ich habe keine Pistole.«

»Aber ich.« Sie setzte sich auf, öffnete ihre Tasche und entnahm ihr einen .32er Revolver. »Den habe ich heute im Pfandhaus gekauft. Unter falschem Namen. Man kann ihn nicht zu mir zurückverfolgen, weil man ihn nie finden wird. Du nimmst ihn nach der Tat mit nach New York und wirfst ihn in den Hudson oder wohin immer du willst.«

»Du warst dir ja ganz schön sicher, daß ich mitmachen würde«, brummte er.

Er öffnete das Handschuhfach, tastete nach der Taschenlampe und untersuchte den Revolver. Es war ein fünfschüssiger Smith and Wesson, mindestens fünfzig Jahre alt, aber er schien in Ordnung zu sein. Und er war geladen.

Als er sie fragend ansah, sagte Vivian: »Ich habe die Patronen in einem Sportgeschäft gekauft. Du wirst nicht mehr brauchen. Deshalb habe ich den Rest fortgeworfen.«

Er schaltete die Taschenlampe aus, legte sie zurück ins Handschuhfach und steckte den Revolver in seine Manteltasche.

»Okay«, sagte er dann. »Und was ist mit deinem Alibi?«

»Ich werde die Nacht im Krankenhaus verbringen.«

Als er sie verständnislos anstarrte, erklärte sie: »Um Viertel vor elf schläft er immer tief und fest. Das Saint-John's-Krankenhaus ist nicht weit von uns entfernt. Ich werde kurz nach elf hinfahren, weil ich schlimme Schmerzen im Unterleib habe. Sie werden mich zur Beobachtung dabehalten. Du wirst erst gegen zwölf zum Haus kommen. Ich werde also abgesichert sein.«

Er sagte zweifelnd: »Vorausgesetzt, daß sie die Todeszeit auch richtig festsetzen. Es wird keine Zeugen geben. Sie könnten sich durchaus dabei irren.«

»Die Nachbarn werden die Schüsse hören.«

Er runzelte die Stirn. »Ja«, sagte er langsam. »Und vielleicht kommt einer rüber, um nachzuschauen, was los ist.«

»Die Leute schleichen sich nicht in dunkle Häuser, um nachzusehen, wer da geschossen hat«, erklärte sie geduldig. »Sie fragen sich, was das wohl für ein Geräusch gewesen sein könnte, und dann vergessen sie es wieder. Aber wenn die Polizei später Nachforschungen anstellt, wird sich einer an den Zeitpunkt der Schüsse erinnern. Und um ganz sicher zu gehen, kannst du ja auch einen Schuß auf den Wecker neben Amos' Bett abgeben. Damit wäre die Zeit dann genau festgelegt.«

»In Ordnung«, stimmte er zu. »Und wahrscheinlich können sie bei der Autopsie die Todeszeit sowieso ziemlich genau bestimmen. Du müßtest eigentlich abgesichert sein.«

»Und jetzt«, sagte sie, »erkläre ich dir genau, was du machen mußt. Ich will, daß es wie ein Einbruch aussieht. Deshalb gebe ich dir auch nicht den Schlüssel. Du schlägst eine der Verandatüren zum Wohnzimmer ein. Du brauchst dir keine Sorgen darüber zu machen, daß Amos dich hören könnte. Wenn er seine Schlaftabletten genommen hat, würde ihn nicht mal ein Erdbeben aufwecken. Du kennst doch den Wäscheschrank.«

»Ja.«

»Du holst dir zwei Kopfkissenbezüge und füllst einen davon mit meinem Tafelsilber. Das findest du im Eßzimmerschrank. Den Bezug stellst du neben der Balkontür ab, und den anderen nimmst du mit hinauf. Wenn du Amos erschossen hast, läßt du den Bezug neben dem Bett liegen. Es wird dann so aussehen, als hätte der Einbrecher vorgehabt, ihn mit den Wertsachen aus den oberen Räumen zu füllen, und ihn dann nach dem Mord in panischer Angst fallen lassen. Es wird auch so aussehen, als hätte er sich in seiner Panik noch nicht einmal die Zeit genommen, den Bezug mit dem Silber mitgehen zu lassen.«

Er überdachte diesen Plan und nickte schließlich. »So könnte es klappen. Ich mache mit.«

Sie schmiegte sich wieder an ihn. »Küß mich«, sagte sie.

Am Sonntag abend landete Peter Abbots Flugzeug auf die Sekunde genau im Kennedy-Flughafen in New York. Er hatte nur eine kleine Reisetasche bei sich und brauchte nicht zu warten, bis das Gepäck ausgeladen war. Um zwanzig vor neun erledigte er die Anmeldeformalitäten in einem Hotel. Fünfzehn Minuten später kletterte er über die Feuerleiter auf die Straße hinunter. Glücklicherweise fand er sofort ein Taxi und brachte den Fahrer mit Hilfe eines Zehndollarscheins dazu, auf dem Weg zum Flughafen fast alle New Yorker Verkehrsregeln zu übertreten. Er erwischte das Flugzeug genau dreißig Sekunden bevor die Türen geschlossen wurden.

»Mr. Arthur Reynalds?« fragte die Stewardeß mit einem Blick auf ihre Passagierliste.

»Was?« fragte Peter und erinnerte sich erst dann daran, daß Vivian die Reservierung für diesen Flug unter diesem Namen gemacht hatte. »Ja, stimmt.«

Auch dieser Flug hatte keine Verspätung. Peter hatte sein Auto am Flugplatz geparkt; er brauchte also kein Taxi.

Es war Viertel nach zwölf, als er am Haus der Crowders ankam. Er parkte einen halben Block weiter und ging den Rest des Weges zu Fuß. Das Haus und auch die umliegenden Häuser lagen im Dunkeln. Trotzdem bewegte er sich mit äußerster Vorsicht.

Leise schlich er über den Rasen zur Veranda. Vor der Verandatür schaltete er kurz seine Taschenlampe an, um die günstigste Stelle in der Nähe des Türgriffes zu finden, dann schlug er die Scheibe mit dem Knauf des Revolvers ein, knipste die Taschenlampe wieder aus und lauschte. Als mehrere Sekunden vergangen waren, ohne daß sich im Haus etwas gerührt hätte, griff er mit seiner behandschuhten Hand hinein und entriegelte die Tür.

Mit Hilfe der Taschenlampe tastete er sich zum Wäscheschrank vor und entnahm ihm zwei Kopfkissenbezüge. Im Eßzimmer füllte er einen davon mit dem Silber, trug seine Beute dann ins Wohnzimmer und stellte sie mitten im Raum ab.

Mit dem anderen Bezug in der Hand schlich er so leise wie möglich die Treppe hinauf. Er öffnete die Tür zu Vivians Zimmer und leuchtete es mit der Taschenlampe ab, um sicherzugehen, daß sie auch wirklich weg war. Als er festgestellt hatte, daß das Zimmer leer war, durchquerte er den Gang und öffnete die Tür zu Amos' Zimmer.

Amos Crowder schlief immer bei offenem Fenster, und es war recht kalt im Zimmer. Die Gestalt im Bett war völlig unter der Zudecke verschwunden. Nicht einmal der Kopf war zu sehen.

Peter trat ins Zimmer, ließ den Kopfkissenbezug neben dem Bett zu Boden fallen und beleuchtete die schlafende Gestalt mit der Taschenlampe. Er hob den Revolver und drückte viermal ab. Beim ersten Schuß zuckte die Gestalt unter dem Federbett zusammen und gab ein leises Stöhnen von sich, die restlichen drei Schüsse bewegten nur noch die Decke.

Peter trat näher, richtete den Strahl der Taschenlampe auf den Wecker auf der anderen Seite des Bettes, zielte genau und setzte einen Schuß in die Mitte des Zifferblattes.

In einer Ecke des Raumes flammte eine Lampe auf. Erschreckt wirbelte Peter herum und sah zu seinem Entsetzen Amos Crowder, der im Mantel zusammengekauert in einem Sessel saß. Eine 45er Automatik war auf Peter gerichtet.

»Lassen Sie die Waffe fallen«, sagte der alte Mann barsch. »Wahrscheinlich ist sie ja leer, aber lassen Sie sie trotzdem fallen.«

Taschenlampe und Revolver polterten auf den Boden.

»Wa – Wa – « stammelte Peter.

»Wahrscheinlich hätten Sie gern eine Erklärung«, sagte Amos Crowder freundlich. »Ich habe Sie und Vivian schon seit längerer Zeit im Verdacht – äh –, intime Beziehungen zu unterhalten. Ihr habt euch auf eine Art angeschaut, die mehr verriet als ihr offensichtlich dachtet. Deshalb habe ich gelegentlich das Tonbandgerät laufen lassen. Auch am Mittwoch abend, als es auf der Bar lag. Ich habe eure Unterhaltung mitgehört. Und weil Sie sich für Donnerstag abend mit Vivian verabredet hatten, beschloß ich, auch diese Unterhaltung mitzuschneiden. Bevor ich am Donnerstag ins Bett ging, habe ich das Gerät in den Kofferraum von Vivians Wagen gelegt und das Mikrofon unter dem Rücksitz versteckt. Ich habe ein 120-Minuten-Band benützt, das bis halb eins mitlief. Ich habe zwar nicht alles mitbekommen, aber immerhin genug.«

Peters Blick wanderte zu der Gestalt unter der Bettdecke. Amos lachte freudlos auf.

»Schauen Sie nur nach«, sagte er. »Vivian ist nicht ins Krankenhaus gefahren. Nach dem Essen habe ich ihr ein paar von meinen Schlaftabletten in den Irish Coffee getan.«

Originaltitel: CALCULATED ALIBI. 3/67

Don Tothe

Der Lebensretter

Benny's Cottage war eine Cocktailbar, in die sich nur wenige Frauen ohne männliche Begleitung hineinwagen würden, vor allem nicht an einem Samstag abend. Eleanor Matthews gehörte zu den wenigen. Fünf Minuten waren vergangen, seit Danny, der allein in seinem grünen Sportwagen saß, gesehen hatte, wie sie durch den Eingang hineinschwebte. Noch fünf Minuten, das wäre dann der genau richtige Zeitpunkt. Dann konnte sie keinen Verdacht mehr schöpfen, wenn er »zufällig« auf sie stieß. Und wenn er länger wartete, war sie vielleicht schon mit einem anderen Mann beschäftigt. Und außerdem, je schneller er sie aus der Bar lotsen konnte, desto geringer war die Gefahr, daß sich später jemand an sein Gesicht erinnerte. Obwohl er sich darüber wirklich keine allzu großen Sorgen zu machen brauchte. In einer einzigen Woche hatte er sie mit vier verschiedenen Männern nach Hause gehen sehen.

Sie war allein in der Bar, als Danny in T-Shirt, Jeans und Turnschuhen neben sie trat. Er bestellte ein Bier und drehte sich dann wie zufällig zu ihr um. Ihre kräftig geschminkten Lippen verzogen sich zu einem Lächeln.

Danny brachte ein fragendes Stirnrunzeln zustande. »Kenne ich Sie nicht?« O doch, er kannte sie gut. Er wußte genug über sie, um ...

Sie starrte geradewegs in seine blauen Augen. »So wie du aussiehst, Süßer, brauchst du dir keine Mühe zu geben, eine Einleitung zu finden.«

Er schnipste mit den Fingern. »Jetzt weiß ich es wieder.« Er erinnerte sie an den Strand. Auch sie erinnerte sich und bestand darauf, ihn zu einem Drink einzuladen. Das war das wenigste, was sie tun konnte, sagte sie, nach allem, was er für sie getan hatte.

Später, in ihrem Wohnzimmer, stellte er das Glas ab. Der Bourbon brannte wie Feuer in seiner Kehle und trieb ihm die Tränen in die Augen. Er hoffte, daß ihr das nicht auffiel. Sie selbst schüttete den Whisky in sich hinein wie ein Fußballspieler Limonade nach einem anstrengenden Spiel.

Sie schien kaum noch wach zu sein. Ihr Kopf ruhte an seiner Schulter. Die Beine hatte sie hochgezogen. In der Flasche auf dem Tisch war gerade noch ein zwei Finger breiter Rest Whisky. Sie setzte sich abrupt auf. »Is ja fast alle«, verkündete sie lallend, aber tief besorgt. Ihr Mund verzog sich zu einem grotesken Grinsen.

Sie packte die Flasche am Hals, wie ein verdurstender Seemann vielleicht eine Bierflasche packen würde, und führte sie zum Mund. Sie legte den Kopf zurück und hielt die Flasche fast senkrecht. Der Whisky verschwand. Ihr Arm fiel schlaff nach unten. Whisky lief ihr übers Kinn. Sie lächelte ihm betrunken zu und sagte dann mit geschlossenen Augen: »Hey, ich hab schon wieder deinen Namen vergessen.«

»Ed«, log er. Es hätte zwar nichts ausgemacht, ihr seinen richtigen Namen zu nennen, weil ... Aber es war einfach dumm und unnötig, ein Risiko einzugehen.

»Eddie, ja. Weiß jetzt wieder.« Sie fiel auf die Couch zurück.

Er wußte, daß sie sechsundzwanzig war. Aber sie sah aus wie fünfunddreißig oder vierzig. Ihr Gesicht war hager, faltig, die Wangen eingefallen. Wenn ihr Gesicht etwas voller gewesen wäre, hätte man sie attraktiv, vielleicht sogar schön nennen können. Aber so, mit streifigem Make-up und Puder, der dick und fleckig auf ihrem Gesicht klebte, sah sie nur alt aus, verbraucht. Ein Stück menschlichen Abfalls. Sie war zu nichts nutze, weder für sich selbst, noch für sonst jemanden. Man würde sie nicht vermissen.

Das Telefon klingelte, und Dannys Hand zuckte unwillkürlich zum Hörer, aber gerade noch rechtzeitig zog er sie wieder zurück. Das Telefon klingelte weiter, forderte Aufmerksamkeit. Dieses Klingeln war für ihn ein so großer Schock, als wäre er nach stundenlangem Aufenthalt in der prallen Sonne plötzlich in eiskaltes Wasser getaucht. Seine Hand zitterte, und er wurde sich bewußt, wie angespannt seine Nerven den ganzen Abend über gewesen waren. Wenn es schließlich soweit war, war er immer ein bißchen nervös.

Eleanor Matthews schien das Telefon nicht zu hören. Sie war eingeschlafen, war auf die für Betrunkene typische Art plötzlich fest eingeschlafen. Jetzt, nach dem vierten Klingeln, regte sie sich, versuchte den verschwommenen Blick auf einen Punkt zu konzentrieren, sah Danny vorwurfsvoll an, als wolle sie fragen, warum er das störende Geräusch nicht abstellte, und griff nach dem Hörer.

»Hallo?« fragte sie und wartete. Danny hörte eine Männerstimme, aber er konnte die Worte nicht verstehen. Ihre Nase kräuselte sich, verärgert oder angeekelt. Danny war sich nicht sicher.

»Ich hab dir doch gesagt, du sollst mich in Ruhe lassen. Es ist aus mit uns!« Sie schloß die Augen, hörte einen Moment lang zu und schüttelte dann den Kopf. »Es ist aus, Carl. Nein! Nein! Nein! Ich will es nicht noch mal versuchen. Nein! Ich will dich auch nicht sehen. Und ich will nicht darüber reden.« Sie knallte den Hörer auf die Gabel.

Die Diskussion hatte sie etwas nüchterner gemacht. Sie schien sich wieder daran zu erinnern, wo sie war und wer bei ihr war – ein Mann, fast noch ein Junge, jemand, mit dem sie sich beschäftigen konnte, der ihr helfen würde zu vergessen. Sie nahm eine Zigarette aus der Dose auf dem Tisch und versuchte mit zitternden Fingern das Feuerzeug zu öffnen. Danny kam ihr nicht zu Hilfe. Schließlich schaffte sie es. Sie nahm einen tiefen Zug und blies eine dichte Rauchwolke aus. »Mach dir keine Sorgen. Wir leben getrennt. Wir lassen uns scheiden. Früher oder später geht das immer so.«

Sie sah sich um. »Sei ein lieber Junge und hol mir noch etwas zu trinken aus der Küche, ja?«

»Glaubst du nicht, daß du genug hast?«

Sie schlug mit der Hand auf den Tisch, wobei sie ihre Zigarette verlor. »Du auch? Ein völlig Fremder? Warum glaubt nur jeder, er müsse mich bevormunden? Paß auf, Schatz. Ich *will* trinken. Mir schmeckt es. Ich bin eine Säuferin. Ich werde jung sterben. Und das ist allein *meine* Sache. Kapiert?« Sie brach schluchzend zusammen, das Gesicht in den Händen vergraben.

Danny beugte sich vor und hob ihre Zigarette auf. Er legte sie in den Aschenbecher und stand auf. Er war noch keine einundzwanzig, groß, breitschultrig und tief gebräunt. Das T-Shirt spannte sich über den kräftigen Armmuskeln. Sein blondes, von der Sonne gebleichtes Haar war sehr kurz geschnitten. Seine Gesichtszüge zeigten eine seltsame Mischung aus männlicher Härte und weiblicher Weichheit. Seine Augen waren so tiefblau wie das Meer, die Wangenknochen waren sehr ausgeprägt. »Entschuldige bitte.« Er drehte sich um und ging durch das Zimmer.

Sie beobachtete ihn. »Hey, die Küche ist da drüben. Die Getränke sind im Kühlschrank.«

Er blieb stehen und sah über die Schulter zurück. »Ich gehe ins Bad.«

»Oh!« Sie kicherte und hielt sich die Hand vor den Mund.

Im Bad drehte er die Hähne der Badewanne auf, wobei er ein Taschentuch benutzte. Er prüfte die Wassertemperatur. Die Wanne füllte sich. Er hatte die Tür hinter sich nicht geschlossen. Als er ihre Schritte hörte, wußte er, daß sie durch das Wohnzimmer stolperte, und er drehte sich lächelnd um, sobald er spürte, daß sie hinter ihm in der Tür stand.

»Was machst du denn da?«

»Ich lasse das Badewasser einlaufen«, sagte er. Beim Lächeln bildeten sich Grübchen in seinen Wangen, aber seine Augen betrachteten sie mit eisiger Kälte. »Ich dachte, du würdest vielleicht gern ein Bad nehmen. Ich dachte nur ...« Er fühlte sich jetzt fröhlich und unbeschwert, »das würde dir gefallen.«

»Ich? Ein Bad?« Sie sah von ihm zur Wanne und wieder zurück. »Bist du verrückt geworden?«

Etwas blitzte in seinem Gehirn auf. Er trat auf sie zu, die Hände nach ihrem Hals ausgestreckt. Sie stolperte zurück. Er blieb stehen und kämpfte um seine Beherrschung.

»Du bist müde.« Er atmete tief ein. »Ich dachte, es würde dir gefallen, im heißen Wasser zu liegen. Und außerdem«, er legte ihr die Hände auf die Schultern, »könnte ich dir den Rücken schrubben.«

Sie entspannte sich und lachte nervös auf. »Das habe ich noch nie gehört. Aber es gefällt mir. Es gefällt mir sehr.« Sie küßte ihn auf den Mund. Ihr Atem war ihm unangenehm. »Und was passiert dann? Wirst du mich dann ins warme Bett tragen?«

»Abwarten. Aber es könnte schon sein, daß ich genau das tue.«

»Okay. Ich lasse mich überraschen.« Sie knöpfte ihr Kleid auf, zog es über den Kopf und ließ es achtlos fallen. Schlüpfer und BH folgten. Sie stieg in die Wanne und ließ sich in das warme Wasser gleiten. »Hmmm, das tut wirklich gut.«

Er nahm Seife und Waschlappen. An seinem Handgelenk und seinen Unterarmen spielten die Muskeln, als er den Lappen einseifte. Schweigend wusch er ihr den Rücken, wobei seine Finger ihre

Haut sanft massierten. Seine Hände näherten sich ihrem Hals.

Sie schloß die Augen. »Hey, das nenne ich einen perfekten Service.«

»Gib mir deine Hände.« Er breitete den Waschlappen über seine Handfläche, und sie legte beide Hände darauf. Seine Finger schlossen sich wie Eisenklammern darum und drückten ihr das Blut ab. Er las das Erschrecken in ihren Augen. Er hielt ihre beiden Hände in seiner einen, führte sie zu ihrem Magen und stieß sie ihr in den Unterleib.

Sie kämpfte gegen den Schmerz an. Er griff sich ein Handtuch vom Ständer neben ihm. Sie war jetzt hellwach, voll panischer Angst.

Sie öffnete den Mund, um zu schreien, aber er stopfte ihr das Handtuch zwischen die Zähne und drückte ihren Kopf nach hinten. Sie trat und strampelte, versuchte sich aus seinem Griff zu befreien. Brutal stieß er ihr die eigenen Hände in den Magen und drückte ihr damit die Luft aus den Lungen. Die Kraft zu kämpfen verließ sie. Ihr Widerstand wurde schwächer. Aber immer noch versuchte sie, den Kopf frei zu bekommen. Er drückte sie nach unten und zog ihr das Handtuch wieder aus dem Mund, bevor es zu spät war.

Sie durfte nicht ersticken. Sie mußte ertrinken. Das war wichtig. Sie mußte auf diese Art sterben. So und nicht anders.

Er sah starr geradeaus auf die schwarzen Kacheln. Dann schloß er die Augen und hielt sie weiter unter Wasser. Er zählte, langsam – eins – zwei – Er konnte nicht sagen, wann sie aufhörte sich zu bewegen. Bei zwanzig hörte er mit dem Zählen auf und starrte auf ihren Körper hinab.

Das Wasser lief immer noch. Zu schnell, als daß es durch den Überlauf ablaufen konnte. Es lief über. Er kniete auf dem Fußboden, und seine weißen Jeans wurden unterhalb der Knie dunkel vor Nässe.

Als er aufstand, bedeckte das Wasser bereits den ganzen Badezimmerboden. Vorsichtig band er ihr das Handtuch um den Kopf. Wieder benutzte er sein Taschentuch, um die Hähne abzudrehen. Danach kam ihm das Haus sehr still vor.

Ehe er das Bad verließ, sah er sich noch einmal um, um sicherzugehen, daß er keine Fingerabdrücke hinterlassen hatte. Auch im

Wohnzimmer ließ er sich genügend Zeit, wischte sein Glas und die Whiskyflasche sorgfältig ab. Als er in die Nacht hinaustrat, fuhr er mit dem Taschentuch noch über den Türknauf.

Die Nacht in Los Angeles war kalt und klamm. Ein leichter, grauer Nebel lag über der Stadt. Es war nach zwölf Uhr, als Andy am Straßenrand anhielt. Stu Blake kam gerade aus dem nächststehenden Mietshaus, eines dieser grauen, schmucklosen Dinger, die wie ein Gefängnisbau aussahen.

Andy Ettinger lächelte vor sich hin, während er zusah, wie der hochaufgeschossene junge Mann mit weitausholenden, ungelenken Schritten auf das wartende Auto zugeeilt kam. Sein neuester Partner verfluchte bestimmt den Tag vor nicht allzuvielen Jahren, an dem er beschlossen hatte, zur Polizei zu gehen. Ein Junge denkt eben nur an all die aufregenden Dinge, die man bei der Polizei erleben kann, und kaum an die häufiger vorkommende Möglichkeit, mitten in der Nacht aus einem warmen Bett gescheucht zu werden und in die kalte Nacht hinaus zu müssen, nur um sich eine oft noch kältere Leiche anzusehen. An so etwas denkt ein Junge nicht – erst wenn er es ein paarmal durchgemacht hat. Wenn Andy für jedesmal in all den dreiundzwanzig Jahren einen Dollar bekäme, könnte er der Polizeiverwaltung sagen, sie könne seine Pension behalten.

Andy beugte sich nach rechts und öffnete die Tür. Stu stieg ein und schloß die Tür leise hinter sich.

»Braver Junge.«

Stu sah ihn mit schläfrigen Augen an. »Klar. Warum sollte ich all die anderen auch aufwecken. Nur weil wir beide so verrückt sind und nicht wissen, wann es Zeit ist, ins Bett zu gehen?«

Andy war versucht, einen Witz über Stus junge Frau zu machen, aber statt dessen sagte er nur: »Du willst also regelmäßige Arbeitszeiten. Dann hättest du Zahnarzt werden sollen.«

»Hat mein alter Herr auch immer gesagt«, sagte Stu stirnrunzelnd. »Und Sally hat das vor ein paar Tagen auch gemeint.«

»Schon?«

»Wie meinen Sie das? Schon? Wir sind immerhin seit fast sieben Monaten verheiratet.«

»Tut mir leid, Junge. Ich hatte doch glatt vergessen, daß du schon ein alter Ehehase bist.«

»Wieder ein Badezimmermord?« Stu gähnte.

Andy nickte. »Diesmal im Wilshire Distrikt. Andrews hat mich angerufen, sobald er die Meldung bekam. Eine Frau. Der Mann fand sie in der Badewanne.« Er sah auf seine Uhr. »Vor genau zwanzig Minuten.«

»Sieht es so aus wie bei den anderen?«

»Meint Andrews zumindest. Deshalb hat er mich ja angerufen.«

»Wie kommt es eigentlich, daß niemals jemand tagsüber, zu einer anständigen Zeit, umgebracht wird?«

»Aus dem gleichen Grund, aus dem Babys immer morgens um drei zur Welt kommen.«

Stu brummte. »Man braucht nur eine dumme Frage zu stellen, und schon findet sich jemand, der einem eine noch dümmere Antwort gibt.«

»Wann ist denn der große Tag?«

»Der Arzt sagt, zwischen Weihnachten und Neujahr.«

»Vielleicht kannst du dir ja dann zur Feier des Tages einen Haarschnitt leisten, was?« Andy warf dem jungen Mann neben sich einen schnellen Blick zu. Stu war fünfundzwanzig, ehemaliger Fußballspieler, und sah mit dem dichten, braunen Haar, das sich einfach nicht bändigen ließ, sehr jungenhaft aus. Andy zog ihn wegen diesem Haar dauernd auf.

»Ich weiß ja. Und es kitzelt mich schon in den Ohren. Aber wann kriege ich denn schon mal die Zeit, zum Friseur zu gehen?«

»Beschwer dich bloß nicht. Ich wollte, ich hätte Grund, zum Friseur gehen zu müssen.« Andy fuhr sich mit der Hand über den kahlen Kopf. Beide lachten.

Dreißig Minuten später hielten sie vor einem weißen Haus im spanischen Stil an. Es hatte mit Eisenstäben vergitterte Fenster und ein rotes Ziegeldach. Ein Streifenwagen stand in der Auffahrt.

Ein rotgesichtiger Polizist öffnete die Haustür. »Hi, Andy.«

Andy nickte dem Polizisten zu und sah an ihm vorbei auf einen Mann, der drinnen auf der Couch saß. »Matthews?«

»Ja, Sir. Er sitzt die ganze Zeit nur da und stöhnt und weint.«

»Sind nur Sie und er da?«

»Ja, Sir. Die Burschen vom Labor sind noch unterwegs.«

Andy ging zur Couch und stellte sich und seinen Partner vor. Matthews, ein Mann in mittleren Jahren in einem maßgeschneiderten, dunkelblauen Anzug, stand auf und schüttelte ihnen die Hand.

»Haben Sie die Leiche Ihrer Frau entdeckt, Mr. Matthews?«

Matthews nickte. Er öffnete den Mund, um zu antworten, aber ein Schluchzen erstickte seine Stimme.

Andy sah sich im Zimmer um. Außer der Eingangstür gab es noch zwei weitere Türen, eine zur Küche und eine zum Gang. Zwei nasse Fußabdrücke auf einem dicken Teppich deuteten zur Tür zum Gang. Andy sah sie sich genauer an.

»Ich schaue mir das Badezimmer an. Du kannst ja Mr. Matthews ein paar Fragen stellen, wenn er sich etwas besser fühlt.«

Stu nickte. »In Ordnung.«

Wenn Andy einen neuen Fall hatte, ging er immer als erster in das Mordzimmer. Und zwar allein. Niemand sonst durfte hinein, bevor er es nicht erlaubte. Ein paar seiner Assistenten hatten das nur ungern akzeptiert, aber Stu machte ihm keine Schwierigkeiten. Andy ging dicht an der Wand entlang, um die nassen Abdrücke nicht zu berühren.

Der Boden des Badezimmers war naß. Das Wasser in der Wanne stand bis zum Überlauf. Die Frau in der Wanne, deren Kopf mit einem Handtuch umwickelt war, sah auf den ersten Blick so aus, als nehme sie ein Entspannungsbad. Erst bei näherer Betrachtung sah man, daß sie nicht atmete. Andy ließ sie genau so liegen, wie er sie gefunden hatte. Nicht einmal das Handtuch berührte er. Neben ihrem rechten Bein schwamm ein Stück Seife. Andy fiel auf, daß die äußere Schicht aufgeweicht war, wie es bei Seife so ist, die längere Zeit im Wasser gelegen hat. Also keine Fingerabdrücke. Außer dem Wasser auf dem Boden und der Frau in der Wanne gab es nichts Ungewöhnliches – nichts war in Unordnung, keine Anzeichen eines Kampfes. Während er sich noch umsah, hörte er, wie Stu Matthews im Zimmer nebenan ausfragte.

Matthews sagte: »Ich habe dreimal geklingelt. Sie hat nicht aufgemacht. Ihr Auto stand draußen. Und sie ist nie zu Fuß weggegangen. Es war schon spät. Ich war sicher, daß sie zu Hause sein mußte. Die Lichter brannten. Ich hatte Angst, es wäre etwas nicht in Ordnung.«

»Weshalb dachten Sie das, Mr. Matthews?«

»Wissen Sie, Eleanor – meine Frau – sie, nun, sie hat sich rumgetrieben. Sie hat – dauernd Typen in Bars kennengelernt und sie mit nach Hause gebracht. Das hat sie immer gemacht. Immer wenn ich auswärts zu tun hatte. Sie wußte nicht, daß ich es wußte.« Nach einer schmerzlichen Pause fuhr er fort: »Ich habe eine Weile gewartet. Dann bin ich reingegangen. Ich habe ja immer noch den Hausschlüssel.«

»Sie haben ihn *immer noch*?«

Andy lächelte. Der Junge entwickelte sich zu einem geschickten Fragesteller. Man mußte schon gut sein, um die winzigen, aber wichtigen Bemerkungen in der Aussage eines Verdächtigen mitzubekommen.

»Wir leben seit zwei Monaten getrennt. Deshalb kam ich auch her. Ich wollte versuchen, alles wieder in Ordnung zu bringen.«

Wenn die Frau auf andere Weise gestorben wäre, oder Andy Matthews nicht für einen anständigen Kerl gehalten hätte, hätte er ihn jetzt in die Enge treiben können. Er hätte ein Buch über all die Totschlagsfälle schreiben können, in denen ein um Versöhnung bemühter Mann seine Frau schließlich umgebracht hatte, meist zusammen mit dem Freund, mit dem er sie erwischte.

»Ich bin also reingegangen. Ich habe gerufen. Keine Antwort. Da habe ich mich im Haus umgesehen. Und sie gefunden.«

»Haben Sie etwas berührt?«

»Nur das Telefon, um die Polizei zu benachrichtigen.«

»Wann haben Sie sie zum letzten Mal lebend gesehen?«

Einen Augenblick überlegte Matthews. »Vor ungefähr einer Woche. Deshalb wollte ich sie auch heute unbedingt sehen. Ich konnte es einfach nicht aushalten, von ihr getrennt zu sein. Ich mußte sie sehen, obwohl sie gesagt hat, ich solle nicht kommen!«

»Wann hat sie Ihnen das gesagt?«

»Ich rief sie um ungefähr neun Uhr an. Sie – sie hat einfach aufgelegt«, stammelte er.

Andy trat jetzt ins Wohnzimmer. »Hat sie irgendwie besorgt geklungen? Verängstigt? Verstört?«

»Nein, nicht mehr als sonst auch. Jedenfalls hätte ich nicht im Traum daran gedacht, sie könne Selbstmord begehen.«

»Selbstmord?« Andy und Stu sagten es gleichzeitig. Aber Andy ließ Stu die Frage stellen. »Sie glauben also, daß sie Selbstmord begangen hat?«

»Natürlich. Oder etwa nicht? Ich habe immer befürchtet, so etwas könnte passieren.«

Andy schüttelte den Kopf. »Das glaube ich kaum, Mr. Matthews. Es ist praktisch unmöglich, daß sich jemand selbst ertränkt.«

»Ein Unfall dann? Vielleicht ist sie mit dem Kopf gegen etwas gestoßen ... Vielleicht wurde sie ohnmächtig.«

»Darüber kann uns der Arzt mehr sagen.« Andy war davon überzeugt, daß Matthews mit der Sache nichts zu tun hatte. »Das ist für heute nacht alles. Ich weiß, es ist Sonntag, Mr. Matthews, aber könnten Sie morgen, das heißt heute, in mein Büro kommen? Es wäre wichtig.«

Matthews wischte sich mit dem Taschentuch das Gesicht ab und schneuzte sich dann. »Ich muß arbeiten. Ich weiß zwar nicht, wie ich es anfangen soll, aber ich muß. Ich bin Raketentechniker. Wir haben gerade ein Sofortprogramm laufen, und wenn ich bis Montag vormittag meine Arbeit nicht erledigt habe, sitzen zweihundert Leute untätig herum.«

»Manchmal ist es besser, sich in der Arbeit zu vergraben.« Andy sprach aus Erfahrung. Am Tag, nachdem seine Frau in einer Massenkarambolage auf der Autobahn den Tod fand, hatte er einen Axtmord in Los Angeles untersucht.

»Ich werde wohl so um vier Uhr fertig sein. Dann komme ich bei Ihnen vorbei.«

»Ich würde Sie nicht darum bitten, wenn es nicht so wichtig wäre. Ich habe nämlich große Zweifel daran, daß der Tod Ihrer Frau ein Unfall war. Jemand hat sie umgebracht. Können Sie uns vielleicht irgendeinen Hinweis geben, der uns helfen würde herauszufinden, wer das getan hat?«

Matthews schüttelte verwirrt den Kopf. »Nein. Eleanor hat ziemlich viel getrunken, aber sie hatte keine Feinde. Jeder, der sie kannte, mochte sie und versuchte ihr zu helfen.«

»Okay. Wir reden morgen weiter darüber. Sie können jetzt gehen.«

Matthews murmelte »Danke«, stand langsam auf und ging zur

Tür, blieb dann noch einmal stehen und schaute ungläubig auf die Badezimmertür.

Die beiden Fachleute von der Spurensicherung kamen kurz nachdem Matthews gegangen war. Der Teppich war so dick und aufnahmefähig, daß die beiden feuchten Fußabdrücke sich noch klar und deutlich abzeichneten. Sie machten einen Gipsabguß.

Der Schuhabdruck war Andys zweiter Hinweis in fünf Fällen. Mehrere blonde Haare, nur etwa drei Zentimeter lang – kaum lang genug, um sie greifen zu können, aber das Opfer hatte es im Todeskampf geschafft – waren am Schauplatz des zweiten Mordes gefunden worden.

»Wir haben wirklich jede Menge Anhaltspunkte, Sir. Seine Haarfarbe und seine Schuhgröße.« Stus Stimme klang nicht gerade enthusiastisch.

»Mehr als in einer ganzen Reihe anderer Fälle, die ich schon erlebt habe. Wir haben das Oben und Unten. Jetzt brauchen wir nur noch die Mitte.«

Der Arzt war auch keine große Hilfe. »Ich kann es noch nicht genau sagen, aber ich schätze, sie wurde einfach ertränkt. Keine Würgemale, keine Verletzungen oder Abschürfungen. Nach der Autopsie wissen wir mehr.«

»Wie lange ist sie schon tot?« fragte Andy.

»Daß sie in dem heißen Wasser gelegen hat, kompliziert die Sache. Aber ich schätze, drei bis vier Stunden.«

»Sie schätzen ziemlich viel, was?« fragte Stu.

Der Arzt sah Andy an. »Noch 'n Neuer, was?«

»Tja. Sie haben mir schon wieder einen aufgehalst.« Andy zuckte resigniert mit den Schultern und blinzelte Stu zu, als der Arzt gerade nicht hinsah. Die Neuen hatten es sowieso schon schwer genug.

Playa del Rey, eine Strandstadt fast genau westlich von Los Angeles, liegt an der Küste zwischen Laguna Beach und Malibu. Der Strand von Playa ist im Sommer weniger dicht bevölkert als alle umliegenden Strände. Es gibt zwar jede Menge Sand, aber keine Parkmöglichkeiten in unmittelbarer Nähe. Der Strand ist sehr breit, und es ist ein weiter Weg zum Wasser, selbst wenn man das Glück hat, an günstiger Stelle einen Parkplatz zu finden.

Es war bereits gegen Ende der Saison. Einer der letzten guten Sonntage, und es waren ziemlich viele Leute da. Danny haßte es, wenn der Sommer zu Ende ging, wenn der Strand wieder verlassen dalag. Der nachmittags gewöhnlich heftige Wind steigerte sich, und die See wurde unruhiger. Bis jetzt war nicht viel zu tun gewesen. Er hatte nur einen Geschäftsmann in mittleren Jahren, ein junges Mädchen und zwei Surfer aus dem Wasser gezogen.

Danny setzte sich auf seinem Hochsitz auf. Seine Augen wanderten alle paar Minuten über das Wasser. Er konnte in den Schwimmenden lesen, als seien sie Buchstaben in einem Buch. Ein Schwimmer in Not war so auffällig wie ein auf dem Kopf stehendes Wort. Und der auffälligste Rettungsaspirant war ein Schwimmer weit weg von der Menge und zu weit draußen.

Er bemerkte ihre Anwesenheit, noch ehe er hinuntersah. Er spürte, daß ihre Augen auf ihm ruhten.

»Hi, Danny.« Da stand sie und sah zu ihm auf. Sie war achtzehn oder neunzehn und hatte langes, blondes Haar, das offen im Wind flatterte. Sie lächelte, und er konnte nicht anders, er mußte zurücklächeln. Ihr einteiliger dunkelblauer Badeanzug war zwar nicht gerade das neueste Modell, aber sie brachte es fertig, in ihm noch mehr sexy auszusehen als die meisten anderen Mädchen in ihren knappen Bikinis. Ihr junger Körper würde sogar in einem Kartoffelsack gut aussehen.

»Hi, Maggie.«

»Du hast schon wieder jemand gerettet. Ich hab es gesehen.« Ihre Augen leuchteten. Das Haar fiel ihr über die Schulter, als sie den Kopf drehte, um ihre Augen vor der Sonne zu schützen. Jeden Tag sagte sie ihm dasselbe, nämlich wie wunderbar er doch sei. Er war sich nicht sicher, wieviel davon er der Tatsache verdankte, daß er ihr das Leben gerettet hatte. Er hatte sie vor einer Woche rausgeholt, aber es war ihm auch egal. Sie machte ihn zwar mit ihrer offenen Heldenverehrung verlegen, aber er mochte das, und er mochte sie.

Er kletterte die Leiter von seinem Hochsitz herunter.

»Wie viele waren es heute?«

»Wie viele was?«

»Weißt du doch, du Dummkopf. Wie viele Leute hast du heute gerettet?«

»Du meinst, wie vielen ich aus dem Wasser geholfen habe?«

»Sag schon, Danny. Wie viele waren es?«

»Nur vier. Schau, Maggie. Vielleicht wäre keiner von ihnen ertrunken. Ich sorge nur dafür, daß sie da draußen nicht müde werden.«

»Ja, natürlich.« Sie wurde jetzt ernst. »Danny? Ist eigentlich etwas nicht in Ordnung mit mir?«

»Wieso?«

»Bin ich häßlich oder was? Es ist schon eine ganze Woche her. Und du hast noch nicht einmal nach meiner Telefonnummer gefragt.«

»Das dürfen wir auch eigentlich nicht. Und außerdem, woher weißt du denn, daß ich nicht im Telefonbuch nachgeschaut habe? Ich habe doch deinen Namen und deine Adresse. Von der Karte, die du ausfüllen mußtest.«

»Und warum hast du dann noch nicht angerufen?«

»Ich hatte zu tun. Und außerdem bin ich schüchtern.«

»Du schwindelst, Danny. Wir haben gar kein Telefon. Mein Vater hat es abgemeldet.«

»Er scheint ja ziemlich streng zu sein. Was würde er dazu sagen, daß du am Strand mit fremden Männern redest?«

»Du bist kein Fremder. Du hast mir das Leben gerettet. Er will dich kennenlernen und sich bei dir bedanken. Was sagst du nun?«

»Hast du heute abend etwas vor?«

Sie biß sich aufgeregt auf die Unterlippe. »Nein.«

»Hättest du Lust, mit mir essen zu gehen und anschließend ins Kino?«

»Danny, liebend gern. Komm so um sechs bei uns vorbei.«

Carl Matthews kam um halb fünf ins Büro.

»Danke, daß Sie gekommen sind, Mr. Matthews.« Andy gab ihm die Hand. »Ich will versuchen, es so kurz wie möglich zu machen.«

Andy wies ihn auf seine verfassungsmäßigen Rechte hin und bat ihn um die Erlaubnis, die Unterhaltung auf Band aufnehmen zu dürfen. Matthews bestand darauf, daß er keinen Anwalt dabei haben wolle. »Ich habe nichts zu verbergen. Ich brauche keinen Anwalt, um Ihnen die Wahrheit zu sagen. Ich bin hier, um Ihnen zu helfen, den Mörder zu finden, und nicht, um mir Mittel und Wege auszudenken, wie ich am besten aus der Sache rauskomme. Wahrscheinlich würde ein Anwalt mir raten, gar nichts zu sagen. Und auf die Art kämen wir nie zum Ziel.«

Andy bewunderte die Ehrlichkeit des Mannes, aber er hatte auch schon oft gesehen, wie sich Unschuldige eine Menge Ärger einhandelten, nur weil sie keinen Anwalt zur Seite hatten. Aber er ließ es gut sein.

»Ich möchte, daß Sie ganz am Anfang anfangen, Mr. Matthews. Von dem Tag an, an dem Sie Ihre Frau kennenlernten, bis – bis jetzt. Lassen Sie nichts aus. Erzählen Sie mir alles, was Ihnen einfällt.«

Carl Matthews kannte Eleanor seit anderthalb Jahren. Sie hatten sich auf einer Party kennengelernt, sich ineinander verliebt und zwei Monate später geheiratet. Damals trank sie nicht. Sie hatte versucht ihm klarzumachen, daß sie einmal Alkoholikerin gewesen war, aber er hatte ihr nicht glauben wollen. Sie war schon zweimal verheiratet gewesen. Sie wünschte sich Kinder, aber keiner ihrer Ehemänner hatte ihr Kinder schenken können. Matthews erzählte Andy, daß sie nach ungefähr einem Jahr angefangen hatte zu trinken, und daß er erst zu spät eingesehen hatte, daß sie nur aus einem Gefühl der Unzulänglichkeit heraus trank.

Gegen Ende der Unterhaltung sagte Matthews: »Ich dachte wirklich, sie hätte Selbstmord begangen, als ich sie im Badezimmer fand. Sie hat oft davon gesprochen. Und ich glaube auch, daß sie vor ein paar Wochen versucht hat, sich zu ertränken. Im Meer. Ein Rettungsschwimmer hat sie gerade noch rechtzeitig rausgezogen. In Playa del Rey. Es herrschte eine starke Bodenströmung. Sie . . .«

»Playa del Rey?«

»Ja. Wir sind immer so oft wie möglich an den Strand gegangen.«

Schmetterlinge flatterten mit zitternden Flügeln in Andys Magen. Andy behauptete immer, daß er Schmetterlinge im Magen hätte, wenn die Puzzlestücke eines Falles anfingen, sich zu einem Muster zusammenzusetzen. Einige der alten Hasen behaupteten, daß ihre Füße dann juckten oder daß ihnen die Ohren brannten, daß ihnen der Mund ganz trocken wurde, wie bei einem Boxer, wenn er das Gefühl hat, der nächste Schlag würde die Entscheidung bringen. Und jetzt war so ein Augenblick gekommen.

Andy stand auf. »Mr. Matthews, ich will Sie jetzt nicht länger aufhalten. Sie haben mir sehr geholfen.«

»Ist das alles gewesen?«

Andy hatte ein gutes Gefühl in bezug auf Matthews. »Es ist für jetzt alles. Aber halten Sie sich bitte bereit, falls ich Sie noch einmal brauchen sollte.«

»In Ordnung.«

Sobald Matthews gegangen war, grub Andy die Akten der anderen Badewannenmorde aus. Er glaubte, daß er es beim dritten Fall, einem Mann namens Johnson, gesehen hatte. Und er hatte recht. Es kam in der Aussage von Johnsons Frau vor. Er las: Detective Ettinger: »Können Sie uns vielleicht einen Hinweis geben?«

Mrs. Johnson: »Es kommt mir nur so seltsam vor, daß Leonard vor einer Woche fast im Meer ertrunken wäre. In Playa del Rey. Und jetzt das hier, in seiner eigenen Badewanne.«

Es kostete Andy eine Stunde Arbeit und sieben Telefonanrufe, bis er seine Ahnung bestätigt fand. Die Stücke paßten zusammen. Alle fünf Opfer waren in den letzten vier Monaten in Playa del Rey vor dem Ertrinken gerettet worden.

Andy rief Stu an. »Ich bin im Büro. Mach, daß du in einer Viertelstunde hier bist. Wir haben Arbeit.«

Als Stu dann kam, hatte Andy schon eine Verabredung mit Paul Langley getroffen, dem Chef der Strandwache in Playa del Rey.

Langley wartete in seinem Büro auf sie. Ein Rotschopf mit Sommersprossen und heiserer Stimme. Er verstand nicht, weshalb sie eine Liste aller Rettungsschwimmer haben wollten, die diesen Sommer in Playa del Rey gearbeitet hatten. Aber als sie ihm ihren Verdacht mitteilten, bot er ihnen sogar etwas Besseres an – die Liste der Geretteten. Bei jeder Rettung mußten seine Leute eine Karte ausfüllen, mit Name, Alter und Adresse des Geretteten. Und da waren sie, alle fünf Opfer, vom gleichen Mann gerettet. Danny Gruen. Gruen wohnte im nahe gelegenen El Segundo. Hals über Kopf machten sie sich auf den Weg dorthin.

Eine silberhaarige Frau öffnete ihnen die Tür.

Andy sagte ihr, wer sie seien. »Wir suchen einen Dan Gruen, Ma'am.«

»Das ist mein Sohn.« Ihre Augen bewölkten sich. »Warum –

Danny hat nichts angestellt. Er ist ein guter Junge. Er hat noch nie etwas angestellt – mein Danny.«

»Ist er zu Hause?«

»Nein. Er ist ausgegangen. Er hat eine Verabredung. Mit einem sehr netten Mädchen.«

»Kennen Sie das Mädchen?«

»Nein, Danny hat mir ihren Namen nicht genannt. Er sagt mir nicht jedesmal, mit wem . . .«

Andy unterbrach sie. »Das ist jetzt nicht wichtig, Mrs. Gruen. Es handelt sich um einen Notfall. Wir müssen Dannys Zimmer durchsuchen.«

»Ich glaube nicht, daß Sie . . .« wollte sie widersprechen.

»Hat Ihr Sohn heute von der Arbeit ein Päckchen mitgebracht?« Andy warf einen Blick auf Stu und sah dessen verwirrtes Gesicht.

»Ich weiß nicht. Ich habe ihn nicht reinkommen sehen.«

»Eine Uhr – eine kleine Uhr. Jemand hat ihm einen bösen Streich gespielt. Es ist eine Bombe, und wir wissen nicht, wann sie losgehen wird.« Andy ignorierte Stus Husten. Manchmal mußte man eben ein bißchen mogeln.

»Wer würde . . .«

»Wir haben jetzt keine Zeit für Erklärungen.« Andys Stimme klang drängend. »Vielleicht hat Ihr Sohn sie in seinem Zimmer gelassen. Sie verlassen am besten das Haus, während wir danach suchen.«

»Sind Sie sicher . . .«

»Ja, Ma'am. Irgendein Typ am Strand war eifersüchtig, weil sein Mädchen mit Danny flirtete.« Er wandte sich an Stu. »Sie kann jeden Augenblick explodieren. Bring Mrs. Gruen ins Freie, Stu. Ich sehe mich mal um. Wir müssen ja nicht beide das Risiko eingehen.«

Stu nickte und nahm die alte Dame am Arm. Andy wartete, bis sie draußen waren.

Er fand das Zimmer des Jungen. Es war in gutem Zustand. Zumindest für das Zimmer eines Collegestudenten. Das Bett war nicht gemacht. Mehrere Herrenmagazine lagen daneben. Über einem Stuhl hing ein Schlafanzug, und fast alle Wände waren mit Wimpeln bedeckt. Alles in allem sah es aus wie in dem Zimmer jedes heranwachsenden jungen Mannes. Andy sah unter der Matratze nach.

Er durchsuchte den Schrank. Ein Paar Turnschuhe lagen in der Ekke. Sie waren feucht. Auf dem Boden fand er ein Stück Karton. Andy zeichnete die Umrisse beider Schuhe auf die Pappe, faltete sie zusammen und steckte sie in seine Manteltasche. Falls er mit den Schuhen aus dem Haus kam, schöpfte die alte Dame vielleicht Verdacht. Und außerdem würden die Schuhe vielleicht nicht als Beweisstück anerkannt, weil er keinen Durchsuchungsbefehl hatte.

Er fand das, was er suchte, in der untersten Schublade der Kommode: ein kleines Notizbuch mit Namen. Seiten um Seiten mit Namen. Die meisten waren durchgestrichen. Einige waren mit Kreuzen versehen. Andy erkannte fünf mit Kreuzen. Vier Namen waren noch offen. Tief einatmend steckte er das Buch in seine Tasche.

Er wollte das Zimmer gerade verlassen, als ihm noch etwas einfiel. Er ging ins Badezimmer. Dort lag eine Haarbürste, eine Haarbürste, wie Männer mit kurzen Haaren sie benutzen. Er zog ein paar Haare heraus und steckte sie in einen kleinen Umschlag, den er immer bei sich hatte.

»Es war nichts zu finden«, sagte er zu Mrs. Gruen und Stu. »Ihr Sohn hat doch ein Auto, nicht war?«

Sie nannte ihm den Wagentyp und fand sogar die Zulassungsnummer auf einer Kreditkarte der Tankstelle.

Sie baten sie, sich um die Sicherheit ihres Sohnes keine Sorgen zu machen, und sagten, daß sie ihn bestimmt finden würden, bevor etwas passierte.

Im Auto äußerte Stu Zweifel daran, daß sie richtig gehandelt hätten. »Das hätten Sie nicht tun sollen. Sie ängstigt sich zu Tode.«

Andy gab ihm das kleine schwarze Buch. »Ich konnte keine Zeit vertrödeln. Das Mädchen ist in Gefahr.«

Andy beorderte über Funk einen Wagen zu Dannys Haus, während Stu die Namensliste überflog.

»So ist das also. Vier Namen stehen noch offen. Und drei von ihnen sind Frauen.«

»Ja«, antwortete Andy. Er dachte an das nette Mädchen, von dem Mrs. Gruen gesprochen hatte.

Als sie nach Sepulveda fuhren, kroch vom Meer her der Nebel heran.

»Deine Eltern sind nett, Maggie.« Danny meinte das ehrlich.

»Danke. Sie mögen dich auch.«

»Woher weißt du das?«

»Oh, Papa hat kein großes Getue darum gemacht, wann ich heute wieder zu Hause sein muß. Wenn er meine Verabredungen nicht leiden kann, macht er immer ein großes Theater, daß ich auch ja um halb eins wieder zu Hause bin.«

»Er paßt gut auf dich auf. Das tun nicht mehr viele Eltern.«

»Mir macht das nichts aus.« Sie lächelte. »Ja, Papa kümmert sich sehr um mich. Den Eltern mancher Mädchen ist es egal, wohin und mit wem sie ausgehen. Ich glaube nicht, daß mir das gefallen würde.«

Danny sah sie an. »Warum sitzt du denn so weit weg? Komm, rück rüber, damit ich nicht so zu schreien brauche.«

»Ich dachte, du wärst schüchtern.« Sie rutschte ein Stückchen näher zu ihm, ohne ihn jedoch beim Fahren zu behindern. »Wo wollen wir denn essen?«

»Wie ich deinem Vater schon gesagt habe. In Redondo Beach. Ich hoffe, du magst Fisch.«

»Sehr.«

Andy und Stu fanden die Namen von zwei der drei Frauen im Telefonbuch. Sie riefen sie an. Die eine war bei ihrem Mann zu Hause. Andy erklärte dem Mann die Situation in groben Zügen und bat ihn, seine Frau nicht aus dem Haus zu lassen, bevor er wieder von der Polizei hörte. Das andere Mädchen war eine Studentin. Stu sprach mit ihrem Vater, der versprach, sie aus dem Studentenheim abzuholen und nach Hause zu bringen, bis sich die Sache aufgeklärt habe. Das dritte Mädchen, Maggie Randolph, stand nicht im Telefonbuch.

Andy und Stu fuhren zu ihrem Haus.

Sie kamen dort an, etwa eine Stunde nachdem das Mädchen das Haus mit einem »so nett aussehenden jungen Mann« verlassen hatte, wie Maggies Vater es ausdrückte. Andy dachte sich, es hätte keinen Zweck, ihn allzusehr zu beunruhigen. Deshalb erzählte er ihm, er brauche den Jungen für eine Routinebefragung.

»Haben die beiden gesagt, was sie heute abend machen wollen?«

fragte Stu. »Wohin sie gehen wollen?«

»Wir wissen immer, wohin unsere Tochter geht«, antwortete Mr. Randolph. »Sie wollen in Redondo Beach essen und anschließend in einen der alten Elvis-Filme gehen.«

»Haben sie gesagt, in welches Restaurant?«

Mrs. Randolph sagte jetzt auch etwas. »Nein, aber Danny hat etwas von Fisch gesagt.«

»Und was ist mit dem Film?«

Beide schüttelten den Kopf.

»Ich glaube, das genügt uns«, sagte Andy zu Stu. Sie gaben den Randolphs eine Telefonnummer, die sie anrufen sollten, sobald ihre Tochter wieder zu Hause sei. Sie sagten ihnen nicht, daß ein Polizeiauto vor dem Haus warten würde.

Als sie Redondo Beach erreichten, war der Nebel so dicht, daß sie nur noch im Schneckentempo fahren konnten. Man sah die Hand vor den Augen kaum.

»Der Nebel hat sich wirklich eine günstige Nacht ausgesucht«, stöhnte Stu.

»Ja, es wird ganz schön hart werden.«

Maggie tupfte sich die Lippen ab und legte die Serviette hin.

»Und?« Danny hätte nicht fragen müssen. Ihr Teller war bis auf ein paar Gräten leer.

»Schrecklich. Ich habe nur aus reiner Höflichkeit gegessen«, antwortete sie und lachte dann über seinen schockierten Gesichtsausdruck.

Er lächelte. Maggie strahlte eine solche Wärme aus, die sich auch auf ihn übertrug. Vor einer Woche war er sehr erleichtert gewesen, als er beschlossen hatte, daß sie zweifellos einen Platz in dieser Welt verdiente. Sie war es wert gewesen, gerettet zu werden.

»Warum hast du so lange gewartet, Danny, ehe du mich gebeten hast, mit dir auszugehen? Ich mußte eine ganze Woche lang mit dir flirten und bin vor Ungeduld fast gestorben.«

»Ich gehe nicht so oft aus. Und außerdem habe ich dir doch gesagt, daß ich schüchtern bin.«

»Bin ich das erste Mädchen, das du gerettet und dann um ein Rendezvous gebeten hast?«

Er zögerte. »Ja.«

Sie starrte ihm in die Augen. »Es muß herrlich sein, wenn man jemandem das Leben retten kann.«

»Dazu bin ich ja ausgebildet.«

»Nein, ich meine, es muß ein herrliches Gefühl sein. Bestimmt hast du schon hundert Leute gerettet.«

»In den drei Sommern? Ja, hundert könnte stimmen.«

»Und fühlst du dich nicht – oh, ich weiß nicht, wie ich es ausdrükken soll.«

»Ich fühle mich, als würde ich meine Arbeit tun. Dafür werde ich bezahlt. Und ich möchte nicht dauernd darüber reden«, sagte er unfreundlich. Dieses Gesprächsthema machte ihn nervös. Er wollte das Thema wechseln.

Der Ausbruch hatte sie überrascht. Sie nickte, und sie aßen schnell und schweigend den Nachtisch.

Als sie dann das Restaurant verließen, sagte er: »Willst du wirklich ins Kino gehen?«

»Wieso? Willst du mich nach Hause bringen? Habe ich dich geärgert?«

»Nein, natürlich nicht. Du bist seit langem der erste Mensch, mit dem ich richtig reden kann. Ich möchte einfach nur reden. Da ist etwas, das ich jemandem erzählen muß. Wir könnten auf den Pier hinausgehen.«

»In diesem Nebel?«

»Sicher. Das macht Spaß.«

Sie zögerte einen Augenblick. »Okay, gehen wir.«

Der Pier war nicht weit vom Restaurant entfernt. Sie ließen das Auto auf dem Parkplatz stehen und gingen zu Fuß durch den Nebel. Sie hielt sich an seinem Arm fest. »Laß mich bloß nicht los, Junge. So eine Suppe habe ich noch nie gesehen.«

Ein Nebelhorn tönte durch die Luft.

Maggie zögerte. »Ich hab Angst.«

»Wovor? Du bist doch bei mir.«

»Es ist nur so unheimlich, weil man nichts sehen kann.«

Die beiden hatten jetzt den Pier erreicht. Danny hielt sich mit einer Hand am Geländer fest, und Maggie klammerte sich an seinen anderen Arm. Sie tasteten sich vorwärts. Es war, als sei man blind.

Als sie fünf Minuten gegangen waren, sagte Maggie: »Du wolltest mir doch etwas erzählen.«

»Ich weiß nicht recht.«

»Warum nicht? Ist etwas nicht in Ordnung?«

»Nein, eigentlich nicht. Nicht wirklich. Das heißt, ich bin mir nicht sicher. Aber ich muß es jemandem erzählen.« Er hielt inne. »Kann ich dir vertrauen? Kann ich dir wirklich vertrauen? Versprichst du mir, es niemandem zu sagen?«

»Sicher verspreche ich das, Danny. Was ist es denn?«

Er wußte, daß er diesem Mädchen vertrauen konnte. Daß er ihr alles sagen durfte.

Andy und Stu arbeiteten den Plan in der Polizeistation von Redondo Beach aus. Captain Josephson half ihnen mit allen verfügbaren Kräften.

Die ganze Polizei der Stadt war in Alarmbereitschaft. Alle Wagen überprüften die Restaurants. Falls Danny die Wahrheit gesagt hatte, war das Paar vielleicht immer noch in einem der Speiselokale. Der erste Schritt bestand darin, die Parkplätze nach Dannys grünem Wagen abzusuchen. Der Nebel war so dicht, daß man das zu Fuß tun mußte. Streifenwagen schlichen im Zehnkilometertempo durch die Stadt.

Andy und Stu, die sich in Redondo Beach nicht auskannten, hatten den drei Block langen Abschnitt gewählt, in dem sich die meisten Restaurants der Stadt konzentrierten. Sie gingen zu Fuß.

Gegen Ende des letzten Blocks fanden sie das Auto. Sie überprüften ihre Dienstwaffen und betraten das Fischrestaurant. Stu telefonierte mit dem Polizeihauptquartier und teilte Josephson mit, wo sie sich befanden. Andy befragte in der Zwischenzeit die Kassiererin. Das Lokal war leer.

»Ja, ich kann mich an ihn erinnern. Groß, blond, gutaussehend. Er hatte ein hübsches Mädchen bei sich. Sie sind vor ungefähr einer Stunde gegangen.«

»Sind Sie sicher?«

»Die beiden waren heute abend die einzigen Gäste, Mac.«

»Sein Auto steht noch draußen.«

Das Mädchen zuckte mit den Schultern. »Vielleicht sind sie spazierengegangen. Vielleicht sind sie auf dem Pier.«

Stu hörte diese Bemerkung im Näherkommen und warf Andy einen besorgten Blick zu. Andy sagte: »Ruf Josephson noch mal an. Sag ihm, er soll ein paar Männer zum Pier schicken. Und die Küstenwache benachrichtigen. Wir könnten sie brauchen.«

»Okay.« Stu nickte und rannte zum Telefon zurück.

»Wie kommt man am schnellsten zum Pier?«

»Sie könnten es gar nicht verfehlen, wenn der Nebel nicht wäre. Die Straße hinunter, etwa zwei Blocks.«

Am Ende des Piers erzählte Danny, was Anfang des Sommers passiert war. »Eine Woche, nachdem ich ihm das Leben gerettet hatte, sah ich sein Bild in der Zeitung. Auf der ersten Seite. Er hatte dieses kleine Mädchen, gerade sechs Jahre alt, in sein Auto gelockt. Hatte ihm irgend was erzählt, seiner Mutter sei etwas passiert. Und dann hat er sie erwürgt und im Gebüsch versteckt.«

»Wie schrecklich! Wie kann ein Mann so etwas nur tun?«

»Kein Mann – ein Ungeheuer. Ich hatte von so was auch schon früher in der Zeitung gelesen, aber diesmal war es anders. Der Mann war nur am Leben, weil ich ihm das Leben gerettet hatte. Wenn ich ihn nicht aus dem Meer gezogen hätte, wäre er ertrunken. Er wäre tot gewesen, und das kleine Mädchen wäre immer noch am Leben. Es ging mir wochenlang nicht aus dem Kopf.«

»Aber du kannst dir doch daran nicht die Schuld geben. Das ist Schicksal.«

»Ich habe viel an das kleine Mädchen gedacht. Ich konnte nicht mehr schlafen. Hatte es wirklich sein sollen, daß das kleine Mädchen auf diese Weise starb? Hatte dieses Ungeheuer von Mensch wirklich gerettet werden sollen, damit er lange genug lebte, um das kleine Mädchen umbringen zu können? Oder hätte er sterben sollen? Und ich habe dem Schicksal ins Handwerk gepfuscht.« Seine letzten Worte klangen rauh und zornig. »Ich habe zu ihrer Ermordung beigetragen. Wenn ich nicht gewesen wäre, würde sie immer noch leben. Ich bin verantwortlich.«

»Danny, du – du darfst das doch nicht so sehen!«

»Ich habe ihr Bild.« Er zog seine Brieftasche heraus und öffnete sie. »Ich habe es aus der Zeitung ausgeschnitten. Sie war so ein süßes kleines Mädchen, mit großen braunen Augen und Rattenschwänzen.« Beim Gedanken daran traten ihm die Tränen in die Augen.

»Er wird dafür in die Gaskammer kommen, Danny.«

»Ja, schon. Er wird sterben. Aber er hätte im Meer sterben sollen.« Seine Stimme wurde jetzt hart. »Ich muß dir ein Geheimnis erzählen. Über einen Kollegen. Er glaubt, daß vielleicht einige der Leute, die wir retten, zum Sterben vorbestimmt sind. Nicht alle, aber vielleicht ein paar. Und nachdem er jemanden gerettet hat, stellt er Nachforschungen an. Er folgt den Leuten. Er versucht herauszufinden, ob sie es wirklich wert waren, gerettet zu werden.«

»Ich verstehe nicht, Danny. Was hat er denn davon?«

Danny wartete einen Augenblick. Er sah ihr fest in die Augen und versuchte, ihre Reaktion zu erraten. Dann sagte er es. »Er bringt sie um!«

»Aber das ist ja verrückt! Das ist Mord!«

»Nein, nein, es ist kein Mord!« Wie konnte er ihr das nur verständlich machen. »Die Leute, die er umbringt, hätten eigentlich sterben sollen.« Irgend etwas stimmte nicht. Warum wich sie vor ihm zurück? »Er hat ihnen das Leben gerettet. Er hat das Recht, es ihnen wieder zu nehmen. Sie zu zerstören!«

»Und das hat er dir gesagt?«

»Ja. Weil ich ihn auf den Gedanken gebracht habe, als ich das Leben dieses Ungeheuers rettete. Da hat er damit angefangen.«

»Wir müssen es der Polizei sagen. Danny, verstehst du denn nicht? Er ist genauso verrückt wie der Mann, der das kleine Mädchen umbrachte.«

»Was?« Er packte sie an der Schulter. »Das darfst du nicht sagen.«

»Du tust mir weh!«

»Sag, daß er nicht verrückt ist!« Er wirbelte sie herum, bis sie mit dem Rücken gegen das Geländer stieß. »Sag, daß er nicht verrückt ist!«

»Danny, hör auf!«

Der Nebel lichtete sich einen Augenblick. Ihre Blicke trafen sich, und da wußte er, daß niemand ihn jemals verstehen würde. Er war verrückt gewesen zu glauben, sie könne es verstehen.

»Du weißt es, nicht wahr?«

»Nein, Danny! Nein!«

»Du lügst. Du wirst der Polizei von mir erzählen.«

»Gruen! Danny Gruen!«

Als er seinen Namen hörte, der durch den Nebel zu ihnen drang, erstarrte er und lauschte. Maggie öffnete den Mund, um zu schreien. Er packte sie, als sie gerade tief einatmete, preßte ihr die Hand über den Mund und drückte sie über das Geländer.

»Ich könnte schwören, daß ich da draußen Stimmen gehört habe«, beharrte Stu.

»Ich auch.« Andy kniff die Augen zusammen und versuchte, durch den Nebel zu sehen. Es hatte keinen Zweck. Man konnte nicht die Hand vor den Augen erkennen. Auch die Taschenlampen nutzten nichts.

»Wir geben uns die Hand. Wir bilden eine Kette über den Pier«, sagte Stu. »Dann kann er wenigstens nicht an uns vorbei.«

»Wir können es ja versuchen. Also los, Jungs. Spielen wir Ringelreihen.« Andy war am rechten Ende der Kette und tastete sich am Geländer vorwärts. Er konnte hören, wie sich unter ihnen die Wellen brachen.

»Aber langsam. Wir sind ja nicht sicher, ob es auch wirklich unser Mann ist. Und falls er es ist, hat er ja noch das Mädchen bei sich.«

Sie waren noch nicht weit gekommen, als sie den entsetzten Schrei des Mädchens hörten. Sie blieben stehen.

Einer der Männer aus Redondo sagte: »Es hat sich angehört, als wäre sie hinuntergestürzt.«

»Schneller! Los!« befahl Andy. Sie fingen an zu laufen, wobei sie sich immer noch an den Händen hielten.

Jemand prallte mit dem Kopf voran gegen Andy. Er stürzte. Ein schwerer Körper fiel über ihn. Finger krallten sich um seinen Hals.

»Andy! Alles in Ordnung?« Es war Stu, der fast direkt neben seinem Ohr losbrüllte.

Andy röchelte und schlug mit den Armen um sich. Der Griff lokkerte sich plötzlich, und das Gewicht auf ihm wurde weggerissen.

»Andy, sind Sie es? Reden Sie, Mann.«

»Ich bin hier unten«, keuchte Andy und rieb sich den Hals. Ganz schwach erkannte er zwei Schemen, die miteinander rangen, aufeinander einschlugen, dicht am Geländer. Ein lautes Stöhnen, und eine der beiden Gestalten verschwand.

»Stu?« fragte Andy vorsichtig, wobei er den Revolver aus dem Schulterhalfter zog.

»Ja, ich bin's. Alles in Ordnung. Unser Freund ist im Wasser. Ich glaube, ich hab ihn am Hals erwischt. Wahrscheinlich schafft er es nicht. Er ist . . .«

»Hilfe! Hilfe!« Die Schreie des Mädchens waren so schwach, daß man sie kaum hören konnte.

»Los!« schrie Andy und rannte am Geländer entlang. »Sie ist weiter draußen.«

»Schreien Sie weiter, damit wir Sie finden können!« Stus Stimme dröhnte durch den Nebel.

Sie rannten auf die Stimme zu und blieben stehen, als sie schwächer wurde.

»Wir sind vorbei.« Andy drehte sich um und stieß mit Stu zusammen. »Zurück!«

Sie gingen jetzt langsam. Versuchten die Stimme auszumachen.

»Ich glaube, jetzt ist sie genau unter uns.« Stus Stimme klang fest und selbstsicher. »Ich springe.«

»Warte! Du kannst doch nicht einfach springen. Du siehst doch nichts.«

Stu lachte nervös auf. »Um so besser. Ich habe nämlich schreckliche Höhenangst. Wenn Sie nichts von mir hören, reden Sie weiter mit dem Mädchen.«

Andy versuchte Stu zurückzuhalten, der bereits über das Geländer kletterte, aber es war zu spät. Stu sprang in den Nebel und verschwand.

Die Küstenwache schaffte es in dreißig Minuten. Stu und Maggie hatten sich an einem muschelbewachsenen Pfeiler festgeklammert. Sie waren zerkratzt und müde und halb erfroren, aber ansonsten fehlte ihnen nichts.

Während das Boot zur Küste fuhr, goß Andy heißen Kaffee in zwei Tassen und reichte sie Stu und dem Mädchen, die beide unter einer Decke zusammengekauert waren. »Hat dir keiner gesagt, daß man mit Verstand vorgehen muß statt den Helden zu spielen?«

»Nein, Sir«, antwortete Stu unschuldig. »Davon hat nie jemand was gesagt. Und es steht auch nicht in meinen Büchern. Einer von uns mußte ja springen. Ich dachte mir, ich hätte die bessere Chance.«

Andy richtete sich auf. »Jetzt aber langsam. So alt bin ich ja nun auch wieder nicht.«

»So habe ich es auch gar nicht gemeint. Ich dachte nur, ich hätte genug Haare auf dem Kopf, so daß mir das Gehirn nicht einfriert. Aber Sie, nun ja . . .«

Andy lachte und klopfte ihm auf die Schulter. »Okay, das reicht, Tarzan.«

Das Boot setzte die drei ab und fuhr zurück, um Danny Gruen zu suchen. Zwei Stunden später fanden sie ihn, mit dem Gesicht nach unten treibend. Andy vermutete, daß Stus Karateschlag den Mörder gelähmt hatte, so daß er sich nicht selbst aus dem Wasser hatte retten können. Und Andy wollte auch glauben, daß er ertrunken war. Es nutzte zwar den fünf Opfern nichts, aber es ergab wenigstens ein bißchen Sinn.

Originaltitel: THE LIFESAVER. 3/67

Anthony Marsh

Streng nach Vorschrift

Der drahtige kleine Engländer wirkte immer überaus höflich und zuvorkommend, selbst dann noch, wenn er einer Amtsperson widersprach. Dieser Eindruck der Unterwürfigkeit wurde noch verstärkt von der sich niemals ändernden Ausdruckslosigkeit seines Gesichts und der altmodischen Nickelbrille, die sich an seine Nase klammerte, als sei sie Teil seiner selbst.

»Hören Sie, Mr. Pembridge«, sagte der Direktor. »So lautet nun einmal die Anweisung der Bank, und ich bin nicht an Ihren Vorschlägen interessiert, wie man diese Anweisung ändern könnte. Habe ich mich klar ausgedrückt?«

»Ich glaube, Sir, daß wir etwas kämpferischer sein müssen. Wir können doch nicht einfach untätig dasitzen und uns alles gefallen lassen, was diese Leute mit uns anstellen.«

»Und ich und der Aufsichtsrat sind nun einmal der Ansicht, daß wir bereits genau das tun, was wir tun sollten. In jeder Bank besteht das Risiko eines Überfalls. Unsere Buchhalter haben dieses Risiko bis ins kleinste ausgerechnet. Wir sind finanziell darauf vorbereitet. Also sträuben Sie sich nicht länger gegen die Anweisungen.«

»Aber unsere Filiale ist in den letzten Monaten bereits dreimal überfallen worden, Sir.«

»Das ist eben Pech, Mr. Pembridge. Jetzt wird man uns wohl für eine Weile in Ruhe lassen. Und übrigens gibt es nichts, was Sie oder ich dagegen tun könnten.«

»Wenn ich das mit allem Respekt sagen darf, Sir, es gibt doch etwas. Denken Sie nur daran, was mit dem letzten Bankräuber passiert ist, der versucht hat, mich zu überfallen.«

»Ihre Tat war sehr lobenswert, aber Sie hatten auch sehr, sehr viel Glück, daß seine Pistole nicht geladen war. Andernfalls hätte es eine Tragödie geben können, und dann wäre der Gedanke an Ihren Heldenmut uns absolut kein Trost gewesen. Und außerdem hätte es unserem Image nur geschadet.«

»Es muß ja nicht immer Heldenmut sein. Manchmal ist schon ein bißchen Einfallsreichtum eine große Hilfe. Ich war im Krieg Pionier bei den Royal Engineers, und ich habe Erfahrung mit allen möglichen Abwehrmaßnahmen. Ich bin sicher, daß ich mir etwas einfallen lassen könnte . . .«

Der Direktor sah ungeduldig auf die Uhr. »Mr. Pembridge. Wir haben hochqualifizierte Fachkräfte, die ganz sicher jedes von uns gewünschte Alarmsystem planen und einbauen können. Es wäre sehr einfach für uns zu verhindern, daß ein Räuber mit der Beute entkommt. Aber wir können nicht garantieren, daß dabei weder einer unserer Angestellten noch ein Kunde verletzt wird. Und das ist das wichtigste.«

»Ja, Sir. Bei den Royal Engineers jedoch . . .«

»Wir sind hier aber nicht auf dem Schlachtfeld. Wir sind in einer Bankfiliale in der Market Street von San Francisco, einer der belebtesten Straßen an der Westküste. Unsere Arbeit besteht nicht darin, Bankräuber zu fangen. Unsere Arbeit besteht darin, Bankgeschäfte zu tätigen. Was etwas ganz anderes ist. Falls Sie es bisher noch nicht bemerkt haben sollten, Mr. Pembridge, sage ich es Ihnen noch einmal. Wir sind hier, um Geld zu verdienen. Solange wir die Bank auf normale Art und Weise führen, werden unsere Kunden kommen und weiter Geschäfte mit uns machen. Aber wenn sie merken, daß wir die Bank in einen Schießstand verwandeln, werden sie nicht mehr kommen. Es wird keine Geschäfte mehr geben, kein Geld und keine Arbeit, weder für mich, noch für Sie, Mr. Pembridge. Habe ich mich klar genug ausgedrückt?«

»Ich bin immer noch der Ansicht, Sir . . .«

Der Direktor hieb mit der Faust auf den Schreibtisch. »Ihre Ansicht ist mir gleichgültig. Ich will keine Heldentaten mehr und auch keine Veränderungen im Alarmsystem. Haben Sie das verstanden? Wenn ein Gangster hereinkommt, mit einer Pistole, einer Säureflasche oder irgendeiner anderen Waffe in der Hand, und Sie um den Inhalt Ihrer Kasse bittet, dann werden Sie ihm diesen Inhalt geben. Ich kann mich nicht noch deutlicher ausdrücken, Mr. Pembridge. So lauten Ihre Anweisungen. Halten Sie sich daran.«

Der Bankangestellte nahm Hab-Acht-Stellung ein und salutierte zackig. »Jawohl, Sir.«

»Und ich mache mir auch nicht besonders viel aus Ihrer Art von Humor, Mr. Pembridge.«

»Das tut mir leid, Sir.« Mr. Pembridges Augen hinter den ungefaßten Brillengläsern zeigten tiefe Zerknirschung, aber sein Ton und seine Haltung straften diese Zerknirschung Lügen. Er wirbelte mit militärischer Präzision herum und marschierte aus dem Büro des Direktors.

Er kehrte an seinen Platz am ersten Schalter zurück, und Nancy, die kleine Rothaarige am nächsten Fenster, warf ihm ein strahlendes Lächeln zu. Seit er dem letzten Bankräuber in die Quere gekommen war, indem er ganz einfach auf den Schalter sprang, über das Gitter flankte und ihn entwaffnete, war Alex Pembridge für seine Kollegen zu einer Art Held geworden. Das alles war im Bruchteil einer Sekunde vor sich gegangen. »Der arme Teufel hatte von Anfang an keine Chance«, erzählte Mr. Pembridge danach bescheiden den Reportern. Die anderen Angestellten wußten, daß er mit seiner Tat gegen die Regeln verstoßen hatte, etwas, das sie selbst nie gewagt hätten. Das machte ihn zum Rebellen, und weil wir in einer Zeit leben, in der die meisten Rebellen auch Helden sind, wurde Alex Pembridge in zweifacher Hinsicht bewundert. Jetzt hatte er einen Ruf zu wahren.

Eine ganze Zeitlang erwies sich die Vermutung des Direktors als richtig. Man ließ die Bank in Ruhe. Vielleicht schreckte die Tatsache, daß es in dieser Bank einen Angestellten gab, der kein langes Federlesen machte, Amateure und weniger waghalsige Diebe ab. Alex Pembrigde tat es fast leid, daß sein entschlossenes Handeln eine solche Wirkung zeigte. Im Vertrauen gesagt waren nämlich Bankgeschäfte für ihn nur von sekundärer Bedeutung. Sein hauptsächliches Interesse galt der Ergreifung von Bankräubern.

Erst nach mehreren Monaten wurde er für seine Geduld belohnt. Entweder war sein Ruf in Vergessenheit geraten, oder aber der Mann war neu in San Francisco. Mr. Pembridge erkannte seinen Feind, sobald der die Schalterhalle betrat, an dem Schlapphut, dem weiten Übermantel und der rechten Hand, die in napoleonischer Manier im Mantel steckte.

Es war ein ruhiger Morgen. Der Mittagsbetrieb hatte noch nicht eingesetzt. Es befanden sich nur wenige Leute in der mit Teppichboden ausgelegten Verwaltungsecke gegenüber den Schaltern, unter ihnen auch der Direktor selbst, der sich hier draußen mit Kunden unterhielt, anstatt sein Privatbüro zu benutzen. Der Direktor war der Ansicht, dies wirke freundlicher und demokratischer. Vor Nancys Schalter warteten zwei Kunden, die nächsten beiden Schalter waren geschlossen, und an den beiden anderen stand je ein Kunde. Glücklicherweise war Mr. Pembridge frei. Er blinzelte dem Räuber zu und lächelte ihn so einladend wie möglich an. Der Mann kam zu ihm. Er ließ einen Leinensack auf den Schalter fallen und bedeckte dann hastig Mund und Nasenspitze, um so wenig wie möglich von seinem Gesicht zu zeigen. Er zog die rechte Hand gerade so weit aus dem Mantel hervor, daß Mr. Pembridge die Patronenkammer eines schweren Revolvers sehen konnte.

»Was kann ich für Sie tun, Sir?« Mr. Pembrigdes Benehmen war geschäftsmäßig korrekt.

»Hören Sie mit dem Quatsch auf«, sagte der Mann. »Tun Sie alles Geld, das Sie haben, da rein. Und zwar schnell.«

»Gewiß, Sir. Ich bin immer bemüht, einem Herrn dienlich zu sein, der sein Geschäft versteht.« Er nahm Banknoten aus seiner Kassenschublade und stopfte sie in den Sack, wobei er leise vor sich hinpfiff.

Der Räuber sah sich schnell um. »Hören Sie auf damit. Sie führen doch etwas im Schild.«

Mr. Pembridge richtete sich auf und streckte die Hände aus, um zu zeigen, wie unschuldig leer sie waren. »Ganz gewiß nicht, Sir. Das kann ich Ihnen versichern. Aber wenn meine gute Laune Sie stört . . .«

Der Mann griff nach dem Sack, aber Mr. Pembridge hielt ihn eisern fest. »Entschuldigen Sie, Sir. Aber ich bin noch nicht fertig. Meine Anweisung lautet, daß, falls ein Gentleman wie Sie zu mir kommt und mein ganzes Geld haben will, ich es ihm ohne jede Widerrede auszuhändigen habe. Und ich führe meine Anweisungen immer genauestens aus, Sir.«

»Hören Sie mit Ihrem hochnäsigen Akzent auf und geben Sie mir den Sack. Ich bin schon viel zu lange hier.«

»Es tut mir leid, Sir, aber ich wurde in Turnbridge Wells, England, geboren, und bin dann zur Rugby School gegangen. Mein Akzent . . .«

»Halten Sie den Mund und geben Sie mir den Sack.« Der Revolver war jetzt nicht mehr unter dem Mantel verborgen, aber der Mann beugte sich so weit vor, daß niemand sonst in der Bank die Waffe sehen konnte.

Mr. Pembridge ignorierte die Waffe. »Ich habe noch eine Extrabelohnung für Sie, Sir.« Er öffnete eine andere Schublade und brachte einen mehrere Zentimeter dicken Packen Banknoten zum Vorschein. »Es sind Fünfziger, Sir. Ich bin sicher, daß ein Gentleman wie Sie etwas damit anzufangen weiß.«

Er warf das Päckchen in den Sack und beugte sich vertraulich vor. »Drehen Sie sich nicht um, Sir. Dort kommt eine Dame. Ich glaube fast, sie will sich hier anstellen. Benehmen Sie sich ganz normal. Ich werde sie schon los. Und an Ihrer Stelle würde ich das Ding da wegstecken, Sir.«

Der Gangster steckte die Waffe wieder unter den Mantel, hielt sie aber auf Mr. Pembridge gerichtet, während die Dame sich hinter ihm anstellte.

Mr. Pembridge sagte zu ihr: »Würden Sie bitte zur nächsten Kasse gehen, Ma'am? Ich mache jetzt Mittagspause.« Er sah, daß Nancy ihm einen neugierigen Blick zuwarf, aber die Frau ging zum nächsten Schalter, ohne daß jemand etwas gesagt hätte.

Mr. Pembridge zwinkerte dem Gangster zu. »Sehen Sie, es ist alles in Ordnung, Sir. Sie benötigen doch sicher auch Kleingeld.«

»Geben Sie mir den Sack!« Der Bandit zog zwar diesmal nicht den Revolver, aber er sah auch so gefährlich genug aus.

Mr. Pembridge griff in die obere Schublade und schaufelte ganze Hände voll Kleingeld in den Sack. Er schüttelte die Münzen nach unten, band den Sack sorgfältig zu und hielt ihn dann hoch. Er paßte nicht durch die Gitterstäbe. »Ich hoffe, Sie haben eine Transportmöglichkeit, Sir.« Durch die Glastür sah er ein Auto, das wartend am Bordstein stand und dessen Fahrer sich fast den Hals verrenkte, während er immer nervöser in das Innere des Gebäudes zu spähen versuchte.

»Das geht Sie nichts an. Geben Sie mir den Sack.«

»Lassen Sie sich von mir einen guten Rat geben, Sir. Laufen Sie nicht. Gehen Sie ganz normal hinaus, als sei nichts Ungewöhnliches passiert.« Mr. Pembridge hob den Sack über das Gitter.

Der Mann schnappte ihn sich und verließ damit so schnell die

Bank, daß man seine Gangart doch schon fast als Laufen bezeichnen konnte. Der Wagen fuhr bereits an, bevor er richtig eingestiegen war.

Mr. Pembridge schlenderte durch die Halle zu der mit Teppichboden ausgelegten Ecke und blieb militärisch stramm vor dem Direktor stehen, der gerade in eine geschäftliche Unterhaltung mit einem Geschäftsmann vertieft war.

»Ich möchte Ihnen nur mitteilen, Sir, daß ich Ihre Anweisungen genauestens befolgt habe.«

»Sehen Sie nicht, daß ich beschäftigt bin?«

»Aber es ist wichtig, daß Sie Bescheid wissen, Sir.«

»Mr. Pembridge, bitte! Später.«

»Ich muß Ihnen das jetzt unverzüglich berichten, Sir. Der Herr, der vor wenigen Sekunden so eilig die Bank verließ, war ein Bankräuber. Er hat mich überfallen. Ich habe Ihre Anweisungen genauestens befolgt und ihm all mein Geld gegeben.«

Der Bankdirektor sprang so hastig auf, daß er fast über den Schreibtisch fiel. »Und was zum Teufel tun Sie dann noch hier? Sie sollten die Polizei über die Direktleitung benachrichten.«

»Wenn Sie das wünschen, Sir.«

»Ich habe Ihnen schon einmal gesagt, daß ich mir nichts aus Ihrer Art von Humor mache. Schnell, geben Sie der Polizei eine Personenbeschreibung durch.« Der Direktor schleppte Mr. Pembridge ohne alle Umstände zum Telefon.

Mr. Pembridge beschrieb den Mann genau: Ungefähr ein Meter achtzig groß, schiefer Mund, breites Kinn. Er konnte der Polizei sogar etwas über den Fahrer sagen, auf den er nur einen einzigen Blick geworfen hatte. Er hatte einen dunklen dichten Schnurrbart. »So wie er im Krieg bei den Typen von der Royal Air Force beliebt war.«

Kaum hatte er aufgelegt, fuhr die Polizei auch schon vor. Es waren zwei Beamte. Ein Streifenpolizist und ein Kriminalbeamter. Der letztere befragte ihn sofort in aller Ausführlichkeit, und Mr. Pembridge erzählte auf seine lässige Art ganz genau, was sich abgespielt hatte. Der Kriminalbeamte und der Direktor wechselten sich dabei ab, Mr. Pembridge mit vor Überraschung offenem Mund anzustarren.

»Wollen Sie damit sagen«, keuchte der Beamte schließlich, »daß

Sie den Mann gute fünf Minuten lang hier festgehalten haben, ohne daß irgend jemand bemerkte, was vor sich ging?«

»Ich tat mein Bestes, um niemandes Aufmerksamkeit zu erregen.«

»Warum?«

»Anweisungen. Ich wollte nicht das Risiko eingehen, daß jemand verletzt wurde. Der Gangster hatte schließlich einen schweren Revolver. Einen 45er, würde ich sagen. Und wahrscheinlich geladen.«

»Sind Sie nicht der Mann, der vor ein paar Monaten einen Bankräuber entwaffnet hat? Einfach so?«

»Ja, Herr Kommissar. Aber ich hatte strikte Anweisungen, so etwas nicht noch einmal zu machen.«

Nancy trat zu ihnen, sagte, der Kommissar werde am Telefon verlangt und zeigte ihm den Weg. Der Direktor sagte nichts. Er starrte Mr. Pembridge schweigend an, aber sein Gesicht zeigte einen merkwürdig fragenden Ausdruck.

Als der Mann zurückkam, war er sehr aufgeregt. »Sie haben die beiden geschnappt. Es scheint, als hätten Sie sich genau richtig verhalten, Mr. Pembridge. Die Waffe war geladen.«

»Ich war mir dessen auch ziemlich sicher.«

»Aber wußten Sie von der kleinen Bombe, die die beiden ebenfalls bei sich hatten?«

»Der Gangster hat mir nichts davon gesagt«, antwortete Mr. Pembridge wahrheitsgemäß.

»Nun, sie muß im Geldsack gesteckt haben und ist im Auto losgegangen. Die beiden Männer sind schon im Krankenhaus. Sie sind mit Münzen geradezu gespickt. Als hätte jemand mit der Schrotflinte auf sie geschossen. Der Arzt sagt, es wird bestimmt eine Woche dauern, ehe sie ins Gefängnis überführt werden können.«

Der Direktor starrte seinen Angestellten immer noch so merkwürdig an, aber Mr. Pembridge stand nur militärisch stramm da und starrte ohne mit der Wimper zu zucken zurück.

Originaltitel: LOADED WITH MONEY. 3/67

Ed Lacy

Geborgtes Leben

Es war schwierig, sein Alter zu bestimmen, aber ich schätzte ihn auf Mitte Vierzig. Er war schon ziemlich kahl, sah aber immer noch gut aus, wenn auch auf eine etwas fleischige Art, und der maßgeschneiderte Anzug unterstrich eine gutgebaute Figur, die durch einen anstrengenderen Sport als Golf in Form gehalten wurde – Tennis vielleicht. Seine blauen Augen sahen mich eindringlich an, als er sagte: »Vielleicht erinnern Sie sich nicht mehr an mich, Mr. Columbia. Mein Name ist William Sanford. Ich war Anwalt bei der Moorepark Appliance. Deshalb dachte ich auch gleich an Sie, als ich beschloß, daß ich einen Privatdetektiv benötigte.« Die tiefe Stimme paßte zu seiner kräftigen Statur.

»Es wundert mich sehr, daß Sie nach diesem Reinfall daran denken, mich zu beauftragen, Mr. Sanford«, antwortete ich höflich. Tatsächlich war die Sache damals nicht mein Fehler gewesen. Man hatte mich angeheuert, um die neuen Modelle und Preise eines Rivalen auszuspionieren. Aber die mußten damit gerechnet haben und hatten eine ganze Serie falscher Informationen vorbereitet.

»Das liegt doch in der Vergangenheit, Mr. Columbia. Im Augenblick muß ich einen Mann finden. Darum geht es mir.«

»Haben Sie es schon mit der Polizei versucht?«

»Das ist keine Sache für die Polizei.« Die blauen Augen zwinkerten mir tatsächlich zu. »Sind Sie denn nicht an einem Auftrag interessiert, Mr. Columbia?«

»Sehr sogar. Aber ich bin der falsche Mann für Sie. Mein Spezialgebiet ist Elektronik, elektronische Spionage, Abhöranlagen. Für die normale Detektivarbeit kann ich Ihnen einen Freund empfehlen. Al Peters, er ist pensionierter Polizist, und er –«

»Ich will Sie.«

Ich zuckte mit den Schultern. »Okay. Aber ich verlange hundertfünfzig Dollar pro Tag.«

»Ist das nicht ein bißchen viel? Dieser Auftrag erfordert keine elektronischen Tricks und Kniffe, Mr. Columbia – Fred.«

»Deshalb habe ich ja auch Al Peters vorgeschlagen. Er kostet Sie nur fünfzig pro Tag, und er ist Experte, was Beschattungen und so weiter angeht. Ihr Auftrag würde mich von anderer Arbeit abhalten, und deshalb muß ich Ihnen für meine Zeit auch den vollen Preis berechnen.«

Sanford nickte mit dem kahlen Kopf. »Ich weiß Ihre Offenheit zu schätzen und bin mit Ihrem Honorar einverstanden. Ich suche einen gewissen Steven Massini. Vor ungefähr fünfzehn Monaten starb Mr. Massinis Onkel. Er hinterließ ein Vermögen von ungefähr 800000 Dollar. Mr. Massini – Steven Massini – erhält davon 18000 Dollar. Als Testamentsvollstrecker habe ich nach Steven Massini suchen lassen, damit das Testament offiziell verlesen und der Erbschein ausgestellt werden kann. Vor ein paar Monaten stöberte ich ihn schließlich in Nizza auf. Soviel ich weiß, ist der junge Massini Künstler, eine Art Beatnik. Ich teilte ihm sofort per Luftpost mit, daß er persönlich zur Testamentsverlesung hierher kommen müsse, obwohl sein Legat nur den kleinsten Teil des Vermögens ausmacht. Er schrieb mit gewöhnlicher Post zurück und wollte wissen, wieso man ihm das Geld nicht zusenden könne. Nun, nach einem längeren Briefwechsel flog er endlich vor zwei Wochen in die Staaten. Wahrscheinlich haben Sie von dem Flugzeug gelesen, das am Kennedy-Flughafen abgestürzt ist?«

Ich nickte. »War er unter den Passagieren?«

»Ja. Und nach den Unterlagen war Steven einer der drei Überlebenden. Er saß zufällig ganz hinten, in dem Teil, der beim Aufprall abbrach. Steven wurde hinausgeschleudert und entkam den Flammen, in denen zweiundneunzig andere den Tod fanden. Er wurde zur Untersuchung ins Brook Hospital gebracht. Er hatte keine Verletzungen, stand nur unter einem leichten Schock. Als ich am nächsten Morgen davon las, rief ich sofort im Krankenhaus an und erkundigte mich nach ihm. Man sagte mir, er hätte etwa eine Stunde nach seiner Einlieferung ein Telefongespräch geführt, daraufhin sei eine junge Dame erschienen, mit der er das Krankenhaus verlassen habe. Das ist das letzte, was ich von Steven weiß. Er hat sich nicht mehr gemeldet, obwohl ich Aufrufe in die Zeitung setzen ließ, in denen ich ihn darum bat, sich mit meinem Büro in Verbindung zu setzen.« Mr. Sanford lächelte und fuhr mit der Hand durch die Luft, als wolle er sie glattstreichen.

»Hat sich Steven bei einem der anderen Erben gemeldet? Bei seinen Verwandten?«

»Nein. Er war nur adoptiert und stand mit der Familie nicht gerade auf gutem Fuß. Wie ich Ihnen ja schon andeutete, ist Steven ein wilder Typ. Eine Art Nonkonformist. Seine Adoptiveltern starben vor sieben Jahren bei einem Autounfall. Seitdem hat er sich ständig im Ausland aufgehalten. Wie Sie wohl verstehen werden, sind die anderen Erben sehr daran interessiert, daß alles endlich geregelt wird und sie an ihr Geld kommen.«

»Sicher. Und achtzehn Riesen sollten einen aufstrebenden Künstler doch auch nicht ganz kalt lassen. Ist er verheiratet?«

»Nicht daß ich wüßte. Aber ich habe Steven auch noch nie gesehen, besitze noch nicht einmal ein Foto des Jungen. Das letzte Mal, daß ein Familienmitglied Steven sah, liegt schon Jahre zurück. Damals war er ungefähr vier. Sein Vater war ebenfalls ein Außenseiter. Er heiratete eine Indianerin. Offen gesagt war ich erstaunt, daß Steven in dem Testament überhaupt erwähnt wurde. Weil keiner etwas von ihm wußte, war es auch so schwierig, ihn ausfindig zu machen.«

»Wie haben Sie das denn überhaupt geschafft, Mr. Sanford?«

Sanford lächelte. »Einer seiner Verwandten las zufällig in der Zeitung, daß ein Steven Massini bei einer Demonstration vor dem amerikanischen Konsulat in Nizza verhaftet worden sei. Irgendeine Friedensdemo. Weil Massini kein so häufiger Name ist, schrieb ich ihm und stellte fest, daß er tatsächlich der gesuchte Erbe war. Aber das einzige, was wir mit absoluter Gewißheit von ihm wissen ist, daß er sechsundzwanzig Jahre alt ist.«

»Das ist ja nicht gerade viel, Mr. Sanford. Und jetzt hätte ich gerne dreihundert Dollar von Ihnen, als Vorschuß auf zwei Tage, einschließlich heute. Ich werde es versuchen.«

»Schön. Lassen Sie es mich sofort wissen, wenn Sie ihn gefunden haben«, sagte Sanford, stand auf, entnahm seiner offensichtlich teuren Brieftasche sechs Fünfzig-Dollar-Scheine und ließ sie zusammen mit seiner Geschäftskarte auf meinen Schreibtisch fallen. »Das alles ist natürlich streng vertraulich, Fred.«

»Natürlich, Mr. Sanford.«

Es war zwanzig nach zwei, als er mein Büro verließ. Ich rief einen Typ an, der für ein alteingesessenes Kreditbüro arbeitet, und bat ihn um Informationen über Sanford und Steven Massini. Das mache ich bei allen meinen Klienten. Kreditbüros haben ausführlichere Informationen als das FBI.

Dann rief ich einen befreundeten Reporter an und erfuhr, daß das Flugzeug genau um zehn Minuten nach sechs abgestürzt war, was bedeutete, daß Massini frühestens um sieben Uhr im Krankenhaus gewesen sein konnte. Das gab mir Zeit, mich einigen anderen Dingen zuzuwenden.

Nach dem Essen war ich um neunzehn Uhr im Brook Hospital. Ich zückte meine goldene Phantasiemarke, etwas, was ich schon seit ewigen Zeiten nicht mehr getan hatte, erklärte dem untersetzten Mann am Empfang, daß ich wegen einer Erbschaftsangelegenheit nach Steven Massini suchte und fragte, ob ich mit den Krankenschwestern oder Ärzten sprechen könnte, die ihn damals behandelt hatten.

Zwei der Krankenschwestern gaben mir eine Beschreibung von Steven: er war etwa ein Meter achtzig groß, schlank, wog ungefähr hundertsiebzig Pfund, hatte dunkles Haar, keine besonderen Merkmale, normales Gesicht. Sie hielten ihn für ungefähr dreißig. Ein Teil seines Anzugs war zwar verbrannt gewesen, aber ein Arzt sagte mir, daß Steven selbst keine Verletzungen erlitten habe. Er war benommen gewesen und hatte unter Schock gestanden, aber trotzdem hatte er ein Beruhigungsmittel abgelehnt, weil er, wie er sagte, ausschließlich organische Nahrungsmittel zu sich nahm. Keine Stunde nach Beendigung der ärztlichen Untersuchung hatte er telefoniert. Ungefähr zwanzig Minuten später erschien dann eine aufgeregte blonde Frau von ungefähr fünfundzwanzig und fragte nach ihm. Entgegen dem Rat des Arztes hatte Steven darauf bestanden, mit ihr das Krankenhaus zu verlassen.

»War er im Bett, als er telefonierte?« fragte ich hoffnungsvoll.

»Ja.«

»Gut. Dann müßte der Anruf doch in der Zentrale vermerkt worden sein. Kann ich bitte die Nummer haben?«

Fünf Minuten später rief ich einen Freund an, der bei der Telefongesellschaft angestellt war, und er sagte mir, der Anschluß gehöre einem Mr. Phil Wells in Queens. Ich fuhr zu der angegebenen Adresse. Es war eines dieser kleinen Häuser mit winzigem Rasen zur Straße und einer Garage nach hinten raus, eine genaue Kopie aller anderen Häuser in dieser Gegend.

Es war jetzt halb zehn. Ich rief Al Peters von der Telefonzelle an der Ecke an und bat ihn, das Haus von fünf Uhr morgens an zu überwachen. Dann fuhr ich zur Wohnung meiner Stenotypistin, um die Abschrift eines Tonbandes zu holen und die Nacht mit ihr zu verbringen. Das war nicht ganz so romantisch wie es sich vielleicht anhört, weil sie meine Exfrau ist. Irgendwann werden wir wieder heiraten, hoffe ich zumindest.

Ich war am nächsten Morgen um acht Uhr im Büro und arbeitete ein bißchen an einem anderen Auftrag – Industriespionage. Um zehn Uhr rief ich meinen Freund im Kreditbüro an.

Von ihm erfuhr ich folgendes: »Wir haben nichts über Steven Massini, was wahrscheinlich bedeutet, daß er pleite ist und bisher noch nicht gearbeitet hat. William Sanford ist ein Kreditrisiko. Er ist letztes Jahr mit Moorepark Appliance-Aktien baden gegangen. Sein versteuertes Einkommen liegt so um die 20000 Dollar pro Jahr, aber er lebt über seine Verhältnisse – Haus in einem der Vororte, zwei Autos, anspruchsvolle Frau, seine dritte übrigens, Mitglied in einer Reihe vornehmer Klubs. Er ist tief verschuldet, obwohl er vor ein paar Monaten an der Börse einen kleinen Gewinn machte und anfing, einige seiner Verpflichtungen einzulösen. Er sitzt immer noch tief drin. Er kommt aus einer wohlhabenden Familie und hat ein hübsches Sümmchen zu erwarten, wenn sein Onkel stirbt. Der besagte Onkel ist neunundsiebzig und spielt immer noch pro Woche seine achtzehn Löcher Golf. Das wär's, Fred.«

Ich dankte ihm, bat ihn um Informationen über Phil Wells und legte auf. Meinem alten Safe entnahm ich einen kleinen Sender, so klein, daß er in die Muschel eines Telefons paßt. Außerdem eines meiner Tonbandgeräte. Diese Dinger sind der Grund dafür, daß meine Ehe in die Brüche ging, weil ich alles, was ich verdiene, wieder ins Geschäft stecken muß. Ich zog einen Overall, wie ihn die Leute vom Störungstrupp haben, über meinen Anzug und fuhr zu Wells' Haus, wo ich Al Peters in seinem alten Wagen sitzend vorfand, am Mund eine Büchse Orangensaft. Als ich mich neben ihn auf den Vordersitz zwängte, sagte er: »Bis jetzt noch nichts, Fred. Der Milchmann hat um sieben eine Flache gebracht, und um halb neun wurde sie von einer Blondine reingeholt. Gutaussehende Puppe, selbst mit Lockenwicklern.«

»Ist Mr. Wells nicht zur Arbeit gegangen?«

»Bis jetzt ist weder jemand rein- noch rausgegangen.« Al gähnte. »Willst du einen Schluck Orangensaft?« Als ich den Kopf schüttelte, trank er die Büchse leer und fragte: »Willst du, daß ich den ganzen Tag hier bleibe?«

»Ich weiß noch nicht.«

Ich sah mir das Haus an. Ich konnte natürlich warten, bis die Wells aus dem Haus gingen, und dann versuchen, irgendwie reinzukommen, aber das war riskant, denn die anderen Häuser standen ziemlich nahe, und in meinem Geschäft muß man vorsichtig sein. Man läuft ständig Gefahr, Dutzende von Gesetzen zu brechen.

Wieder im Auto, stülpte ich mir eine Kappe auf, die ich tief in die Stirn zog, und dekorierte mein rundes Gesicht mit einem borstigen grauen Schnurrbart und zwei haarigen Warzen. Ich band mir den Werkzeuggürtel um, steckte den kleinen Sender vorsichtig in die Tasche und baute das Empfangs- und Aufnahmegerät auf dem Boden hinten in Als Wagen auf. Ich gab ihm die Kopfhörer und einen Schreibblock und sagte: »Du weißt ja, wie es läuft, Al. Schreib alles auf, was du hörst. Ich bin in einer Stunde wieder zurück. Und fahr näher ran. Du bist mehr als hundert Meter vom Haus entfernt.«

Als ich klingelte, hörte ich das eilige Getrappel von Füßen, die Tür öffnete sich und gab den Blick auf eine Blondine in einem rosa Hausmantel von der Stange frei. Sie hatte nur deshalb eine hübsche Figur, weil es für eine Fünfundzwanzigjährige nun einmal schwer ist, keine hübsche Figur zu haben. Ihr Gesicht wirkte nervös, und die dunklen Ringe unter ihren Augen verrieten, daß sie nicht allzuviel geschlafen hatte. Ich warf einen Blick in mein Notizbuch und fragte: »Mrs. Phil Wells?«

»Ja?«

»In den Ferngesprächsleitungen ist eine Störung aufgetreten. Ich möchte mir Ihr Telefon einmal ansehen. Vielleicht hat es einen Wackelkontakt.« Ich achtete sehr darauf, *nicht* zu sagen, ich sei von der Telefongesellschaft.

»Mein Telefon ist völlig in Ordnung.«

»Sie müssen das auch nicht unbedingt gemerkt haben. Aber falls es einen Wackelkontakt hat, könnte es andere Leitungen beeinträchtigen. Es dauert nur eine Sekunde, Mrs. Wells.«

»Also gut.«

Das Wohnzimmer war mit billigen modernen Möbeln eingerichtet. Ich tat so, als überprüfe ich den Apparat. Ich nahm den Hörer auseinander, und obwohl sie mich beobachtete, baute ich meinen winzigen Mikrowellensender ein, völlig sicher, daß sie keine Ahnung hatte, um was es sich da handelte. Ich hatte einmal ein solches Ding in einer künstlichen Olive in einem Martini-Cocktail versteckt und dann aus fast hundert Meter Entfernung einer Barunterhaltung zugehört. Einen Augenblick später war ich fertig, überprüfte den Wählton und erzählte Mrs. Wells: »Ich habe neue Teile eingebaut, um ganz sicher zu gehen. Ihr Telefon ist anscheinend in Ordnung. Vielen Dank, Ma'am.«

Ich fuhr ein paar Blocks weiter, legte Schnurrbart, Warzen und Overall ab und betrat einen Schnellimbiß, um einen Happen zu mir zu nehmen. Fünfundvierzig Minuten später wählte ich ihre Nummer. Als sie abhob, sagte ich: »Mrs. Wells, ich bin ein Freund Steven Massinis. Können Sie . . .«

»Sie sind falsch verbunden.« Damit knallte sie den Hörer auf die Gabel.

Ich wählte erneut. Sie ließ es fünfmal klingeln, ehe sie wieder an den Apparat ging. »Ja?«

»Mrs. Wells, hängen Sie bitte nicht ein, bevor Sie wissen, um was es geht. Ich weiß, daß Sie Steven Massini nach dem Flugzeugabsturz im Krankenhaus abgeholt haben. Ich habe viel Geld für ihn, eine Erbschaft. Wenn Sie . . .«

»Ich habe Ihnen doch schon gesagt, daß Sie hier falsch verbunden sind. Ich habe noch nie was von diesem Steven – wie heißt er doch? – gehört. Lassen Sie mich in Ruhe.« Wieder knallte sie den Hörer auf, aber ich hatte die Spur von Hysterie in ihrer Stimme trotzdem mitbekommen.

Ich fuhr zu Al Peters. Er nickte und folgte meinem Wagen um die Ecke, wo wir beide parkten. Als ich neben ihm saß, sagte er: »Einfache Sache, Fred. Sie rief einen Mr. Stevens an, Zimmer 121, Davenport Hotel. Nur ein paar Sekunden nach deinem zweiten Anruf. Sie . . .«

»Einen Mr. Stevens? Nicht Steven Massini?«

»Nein, einen Mr. Stevens. Sie hat ihm von deinem Anruf erzählt, und es klang völlig aufgelöst.« Al sah auf den Block. »Er sagte: ›Nur mit der Ruhe, Rose. Wenn er wieder anruft, sagst du ihm, daß du nicht die leiseste Ahnung hast, wovon er redet. Rose, warum fährst du eigentlich nicht für ein paar Tage zu deiner Mutter nach Newark? Ich hole dich dann später nach.‹

›Ich könnte das Spiel dort nicht durchhalten. Bestimmt nicht. Oh, Liebling. Ich mache mir solche Sorgen. Ich bin krank vor Angst.‹

›Reg dich nicht auf, Schatz. Weißt du was? Geh einfach nicht mehr ans Telefon. Oder – ich habe eine bessere Idee. Komm doch hierher.‹

›Aber wenn Mama anruft, und sich niemand meldet, regt sie sich auf, und ... ich halte es nicht mehr aus.‹

›Rose, Liebling. Sei ganz beruhigt. Es klappt doch alles wie am Schnürchen. Hör zu. Ruf deine Leute an und sag ihnen, daß du für ein paar Tage wegfährst. Daß du es zu Hause nicht mehr aushalten kannst und so weiter. Und dann kommst du hierher. Ich erwarte dich so um zwei Uhr. Und jetzt reg dich nicht länger auf, ja?‹«

»Schön, Al. Prima Arbeit. Ich stelle das Gerät jetzt auf automatische Aufnahme, und dann parkst du das Auto ungefähr sechzig Meter vom Haus der Wells entfernt. Ich warte hier auf dich.«

Als Al weg war, ging ich in eine Telefonzelle und suchte das Davenport Hotel im Telefonbuch. Es lag in der Nähe des Flughafens. Al kam zu Fuß zurück. Ich setzte ihn an der U-Bahn-Station ab und sagte ihm, er solle in seinem Büro auf meinen Anruf warten.

Das Hotel war billig und verhältnismäßig neu. Dem ältlichen Angestellten am Empfang sagte ich: »Ich gehe rauf auf Zimmer 121, um Mr. Stevens zu überraschen. Sagen Sie ihm bitte nicht über Haustelefon Bescheid.« Ich ließ einen Zehn-Dollar-Schein auf dem Pult liegen und stieg die steile, eiserne Treppe hinauf. Der Flur war leer.

Der Typ, der auf mein Klopfen die Tür von 121 öffnete, trug Freizeithosen und ein offenes weißes Hemd. Die Beschreibung der Krankenschwestern paßte auf ihn. Als er fragte: »Ja? Was wollen Sie denn verkaufen?« wehte mir leichter Whiskygeruch entgegen.

Ich zückte meine goldene Marke und sagte: »Ich muß mit Ihnen reden, Mr. Massini.«

Er packte mein Handgelenk und sah sich die Marke genau an. Dann ließ er mich los. »Ein falscher Bulle. Zieh Leine, bevor ich die richtigen alarmiere.«

»Na los, machen Sie doch, Mr. Massini. Aber Sie verstehen die Natur meines Besuches völlig falsch. Ich bin hier, um Ihnen zu 18000 Dollar zu verhelfen.« Ich schob meinen Fuß in den Türspalt und versuchte zu lächeln. Massini war ein Stück größer und kräftiger als ich, und außerdem bin ich keine Kämpfernatur. »Schadet doch nichts, darüber zu reden, oder?«

»Okay, reden Sie.« Er studierte meinen Fuß.

»Im Gang?«

»Genau. Ich habe – Gesellschaft. Sehr scheu. Kommen Sie von dem Anwalt? Sanford?«

»Genau. Warum haben Sie sich nicht bei ihm gemeldet? Er will doch nur alles regeln.«

»Sagen Sie ihm, er soll mich in Ruhe lassen. Wenn ich ihn sehen will, werde ich es schon tun. Und Sie können ihm auch sagen, daß es mir gar nicht paßt, daß er mir einen Schnüffler auf den Hals hetzt.« Er strich sich mit der rechten Hand übers Haar, und ich sah, daß er ausgeprägte Knöchel hatte – wie ein Boxer.

»Sind Sie denn gar nicht an Ihrem Erbe, den 18000 Dollar, interessiert?«

»Ich weiß noch nicht. Mit dem Geld komme ich in eine höhere Steuerklasse, und das kostet mich letzten Endes vielleicht sogar mehr. Vielleicht gehe ich auch nach Nizza zurück.«

»Warum haben Sie nicht Sanford angerufen und ihm das erzählt?«

»Weil ich keine Lust dazu hatte. Und jetzt nehmen Sie besser den Fuß aus der Tür, bevor ich Ihnen Ihr fettes Gesicht zermatsche, Sie Schnüffler.«

»Okay.« Ich zog den Fuß zurück, bevor er die Tür zuknallte.

Von der Halle aus rief ich Sanford an und sagte ihm, wo Massini war. Dann fügte ich hinzu: »Er scheint nicht sehr daran interessiert zu sein, das Erbe anzutreten. Er sagte was davon, er wolle nach Frankreich zurück. Vielleicht beeilen Sie sich besser, falls Sie ihn noch antreffen wollen.«

»Danke, Mr. Columbia. Sie haben schnell und ausgezeichnet gearbeitet. Das war ein ganzer Tag. Ich bekomme von Ihnen also noch hundertfünfzig Dollar zurück.«

»Ich habe die Unkosten noch nicht zusammengestellt. Hören Sie . . .«

»Von Nebenkosten haben Sie nichts erwähnt.«

»Sanford, wir können uns später über meine Rechnung streiten. Wenn Sie ihn sehen wollen, kommen Sie lieber schnell. Er wird wahrscheinlich in ein anderes Hotel umziehen.«

»Ich werde alles von hier aus erledigen. Eine gute Tagesarbeit, Mr. Columbia.« Er hängte ein.

Ich fuhr zum Haus der Wells zurück und parkte einen Block weiter. Ich mußte meinen Sender zurückbekommen. Abgesehen von der Tatsache, daß er hundertachtzig Dollar gekostet hatte, würde die Telefongesellschaft ihn bestimmt irgendwann finden und vielleicht sogar herausbekommen, daß er mir gehörte. Und dann saß ich in Teufels Küche.

Mit Reparaturen konnte ich nicht schon wieder kommen. Einbrechen war das einfachste, außer daß viel zu viele Leute hier in der Gegend wohnten. Ich beschloß, nachts noch einmal zurückzukommen und zu sehen, ob ich dann in das Haus eindringen konnte. Ich befestigte hinter Als Scheibenwischer einen Zettel mit der Mitteilung, das Auto sei defekt und warte auf den Abschleppdienst. Dann fuhr ich zu meinem Büro, rief Al an und sagte ihm, daß wir sein Auto abends abholen würden.

Ich rief meinen Kreditfreund an, der mir berichtete: »Die Wells haben ein gemeinsames Einkommen von neuntausendvierhundert Dollar im Jahr. Das Haus kostete zwanzigtausend und ist mit fünfzehntausend Dollar belastet. Als sie vor vier Jahren heirateten, kauften sie die Möbel auf Raten. Sind sehr pünktlich mit den Zahlungen. Sie ist Stenotypistin für eine Maklerfirma, und er war bei der Trans-Europe Airlines angestellt.«

»Ist das nicht die Gesellschaft, deren Flugzeug neulich abgestürzt ist?«

»Richtig. Phil Wells kam dabei ums Leben. Das ist alles, Fred.«

Ich bedankte mich sehr nachdenklich.

Ich wollte Sanford anrufen, beschloß dann aber zu warten, für den Fall, daß ich meinen Sender nicht zurückbekam und er wegen der Nebenkosten Schwierigkeiten machte.

Ich beschäftigte mich ein bißchen im Büro und fuhr später am Nachmittag zu einer der Zeitungsredaktionen, um genaueres über den Absturz nachzulesen. Phil Wells gehörte zu denen, die bis zur Unkenntlichkeit verkohlt waren. Als Angestellter der Gesellschaft hatte er kostenlos fliegen können und das Wochenende in Paris verbracht. Identifiziert wurde er mit Hilfe eines Feuerzeugs mit eingraviertem Namen, einem Weihnachtsgeschenk der Firma, das man bei den Überresten eines der Passagiere gefunden hatte. Um ihn rankte sich auch noch eine menschlich besonders herzergreifende Geschichte.

»Mrs. Rose Wells, die junge Frau des Verstorbenen, gab an, daß sie eigentlich ihren Mann bei diesem Wochenendausflug hätte begleiten sollen. ›Phil war seit fünf Jahren bei Trans-Europe, so daß ich jetzt auch Freiflüge bekommen hätte. Es wäre unsere erste gemeinsame Reise gewesen. Aber am Freitag wurde mein Chef krank, und ich konnte den Samstag nicht freibekommen.‹«

Ich aß mit meiner Exfrau zu Abend. Sie wollte ins Kino gehen, aber ich sagte, ich hätte noch zu arbeiten. Wir gerieten wieder einmal in Streit über meine verrückten Arbeitszeiten. Schließlich sagte sie, ich solle doch dahin gehen, wo der Pfeffer wächst.

Ich rief Al an und holte ihn um neun Uhr in der Bridge Street 59 ab. Als ich ihm auf dem Weg zum Haus der Wells erzählte, daß ich vorhätte, bei ihnen einzubrechen, schüttelte Al den Kopf. »Fred, ich habe dir das schon öfter gesagt. Ich übertrete keine Gesetze. Wenigstens nicht so offen.«

»Hör schon auf, Al. Ich habe heute schon genug zu hören bekommen. Fang du nicht auch noch mit Moralpredigten an.«

»Okay, okay. Aber ich schnappe mir meinen Wagen, und was du dann tust, ist deine Sache. Laß mir nur genügend Zeit, aus der Nähe zu verschwinden.«

»Sicher. Jetzt müßte es hier eigentlich ruhig sein. Ich rufe vorher nur noch bei den Wells an, um sicherzugehen, daß auch wirklich keiner da ist.«

Als ich an der Ecke anhielt, um Al aussteigen zu lassen, konnte man nicht gerade sagen, daß es hier in der Gegend ruhig war. Vier

Polizeiautos standen vor dem Haus der Wells, und eine kleine Menschenmenge hatte sich darum versammelt.

Al sah mich an und stöhnte. Ich sagte: »Na los, hol deinen Wagen. Du bist heute morgen damit gefahren, und der Motor hat so komisch gespuckt. Mach die Motorhaube auf und krame drin herum. Und versuche herauszubekommen, was passiert ist.«

Eine halbe Stunde später fuhr Al hupend an mir vorbei, und ich folgte ihn ein paar Blocks weit, ehe wir anhielten. Al wischte sich den Schweiß von der Stirn. »Das war reichlich knapp. Da ist eine ganze Menge passiert. Es sieht so aus, als hätte diese Wells-Blondine den Massinityp umgepustet. Sie haben sie in einem runtergekommenen Hotel gefunden, zusammen mit der Leiche und der Mordwaffe. Heute nachmittag.«

»Hat sie den Mord gestanden?«

»So wie ich es mitgekriegt habe, hat sie überhaupt nichts gesagt. Noch nicht mal einen Anwalt verlangt. Ich bin auf jeden Fall froh, daß wir aus der Sache raus sind.«

Ich hätte Al fast daran erinnert, daß mein Sender immer noch im Telefon der Wells steckte, aber er war auch so schon nervös genug. Ich nahm das Tonbandgerät aus seinem Auto, fuhr zurück in mein Büro und hörte mir das Band an. Zuerst kam ein Anruf von Mrs. Wells' Mutter, voller Gemeinplätze wie, sie müsse den Kopf hochhalten und »in der Stunde des Leides« tapfer sein. Dann ein Anruf von Steven Massini, der ungeduldig fragte: »Mit wem hast du denn telefoniert? Die Leitung war mindestens zehn Minuten besetzt.«

»Mama. Oh, ich habe vergessen ihr zu sagen, daß ich für ein paar Tage verreise.«

»Du kannst sie ja später noch mal anrufen. Pack jetzt eine Tasche und warte auf meinen Anruf. Irgendein Privatschnüffler im Auftrag von Sanford war vorhin hier. Ich muß also verschwinden.«

»Wie hat er dich denn gefunden? Ich wäre froh, wir hätten uns nie auf diese Sache eingelassen, Phil.«

»Komm, es gibt nichts, worüber du dir Sorgen machen müßtest. Ich habe ihm gesagt, daß ich an der Erbschaft nicht interessiert sei, und ihn rausgeworfen. Ich rufe dich an, sobald ich ein neues Hotel habe. Reg dich nicht auf, Liebling. Denk daran, wir werden bald reich sein.«

Mein Gerät arbeitete automatisch, und es schaltete sich nur ein, wenn der Sender in Betrieb war, das heißt, wenn jemand telefonierte. Es kam noch ein Anruf. Die gleiche Männerstimme sagte: »Liebling, ich bin umgezogen. Ein kleines ein bißchen heruntergekommenes, aber sauberes Hotel in Long Island City. Es heißt Monroe. Es ist jetzt zwanzig Minuten vor drei. Am besten nimmst du das Auto. Du kannst in ...«

Man hörte das Knallen eines Schusses und dann Rose Wells' Schrei am anderen Ende: »Phil! Phil! Was ist ...«

Jemand legte den Hörer auf.

Ich hörte mir das Band noch einmal an und dachte angestrengt nach. Aber das brachte mir nichts weiter ein als kalten Schweiß und Kopfschmerzen. Ich rief Al an. »Al, es ist wichtig. Kannst du herausfinden, wann genau Steven Massini gestorben ist?«

»Klar, ich kann mich umhören. Aber, Fred, es wird einen schlechten Eindruck machen. Ich meine, wenn ich jetzt mitten in der Nacht bei meinen alten Freunden rumtelefoniere. Es bringt mich – uns – mit der Sache in Verbindung. Vielleicht morgen. Tagsüber könnte ich vielleicht ...«

»Al, ich muß die Todeszeit jetzt wissen.«

»Fred, als erfahrener ehemaliger Polizeibeamter möchte ich dir jetzt einen guten Rat geben. Wirbele keine Staub auf. Ich habe nicht vergessen, daß dein Sender immer noch im Telefon der Wells steckt, aber es besteht keine große Gefahr, daß die Polizei das Ding *jetzt* findet. Wenn ich aber anfange Fragen zu stellen ... Es ist schließlich kein Geheimnis, daß ich manchmal mit dir zusammenarbeite, und dann werden sie ...«

»Al, glaubst du, daß die Polizei sich auf einen kleinen Handel einlassen würde? Zum Beispiel uns und den Sender vergessen und ihn mir zurückgeben, im Austausch gegen den wahren Mörder?«

»Ich könnte – *Blondie hat es nicht getan?* Hol's der Teufel, Fred. In was sind wir da bloß reingeraten?«

»Ich versuche ja, aus der Sache wieder herauszukommen. Ich weiß, daß Mrs. Wells es nicht getan hat. Aber ich habe nicht die Beweise, die die Polizei vor Gericht braucht. Ich glaube jedoch, daß ich ein Geständnis bekommen könnte, wenn die Polizei mit mir zusammenarbeitet. Glaubst du, sie werden?«

»Wenn wir ihnen ein sauber verpacktes Geständnis auf den Tisch legen, lassen sie bestimmt mit sich reden. Aber es gefällt mir gar nicht, wie die Dinge sich entwickeln. Es gefällt mir ganz und gar nicht. Warum können wir uns da nicht raushalten?«

»Erstens, weil man Mrs. Wells beschuldigt, und – Al, mach doch mal Gebrauch von deinem Verstand. Auch wenn die Polizei den Sender nicht findet, früher oder später findet ihn die Telefongesellschaft. Und dann sitzen wir erst recht in der Tinte. Man wird sich an den Mord erinnern und die Sache der Polizei melden. Auch wenn bis dahin schon Monate vergangen sind. Okay, die Chance, daß sie den Sender bis zu mir verfolgen können, ist nicht gerade groß, aber es besteht eine Chance. Und ich kann und will dieses Risiko nicht eingehen. Al, ich bin in meinem Büro. Versuche genau herauszubekommen, wann Massini gestorben ist und was sich heute nachmittag im Monroe Hotel abgespielt hat. Dann komm bitte hierher.«

Kurz nach zwei in dieser Nacht rief ich Sanford unter seiner Privatnummer an. Er fragte: »Mr. Columbia? Was soll denn dieser späte Anruf?«

»Ich muß Sie unbedingt sofort sprechen. Wahrscheinlich wissen Sie ja bereits, daß Steven Massini umgebracht wurde.«

»Die Polizei hat mich benachrichtigt. Sie fanden meinen Brief bei ihm. Aber ich verstehe immer noch nicht, warum Sie . . .«

»Sanford, ich hole Sie in einer halben Stunde vor Ihrem Haus ab. Warten Sie auf mich.« Damit legte ich auf.

Ich sprach von einer Telefonzelle in der Nähe von Sanfords Haus und hatte also genügend Zeit. Ich rief meine Exfrau an. Sie war zwar nicht gerade glücklich darüber, daß ich sie um diese Zeit aus dem Bett warf, aber ich mußte einfach ihre Stimme noch einmal hören, vielleicht zum letzten Mal.

»Baby, meinst du nicht auch, wir hätten uns jetzt lange genug so blöd benommen? Morgen heiraten wir wieder. Ich versuche noch vor Tagesanbruch bei dir zu sein – hoffe ich wenigstens.«

»Fred, bist du betrunken? Ich . . . Fred, hast du einen komplizierten Fall? Ist er sehr gefährlich?«

»Ja, ziemlich.«

»O Fred, ich habe dir doch gesagt, daß ich das nicht aushalte«, jammerte sie.

»Ich weiß, was du mir gesagt hast. Baby, ich liebe dich. Das mußte ich dir jetzt einfach sagen. Über den Rest können wir morgen reden. Vielleicht nehme ich sogar einen Dauerjob in einer Elektronikfirma an. Wie du immer wolltest. Bis dann, Liebling.«

Sanfords Haus war mit einem breiten Rasen von der Straße getrennt. Er wartete in der dunklen Kurve auf mich. Er trug einen modischen, auffallenden Hut, einen leichten Frühjahrsmantel und Handschuhe. Beim Anblick der schweinsledernen Handschuhe ging es mir besser. Als er neben mich auf den Vordersitz glitt, stellte er die übliche Frage. »Haben Sie jemandem gesagt, daß Sie mich jetzt noch treffen wollen, Mr. Columbia?«

»Nein.« Ich fuhr weiter und fragte mich, wann er wohl die Pistole ziehen würde. Ich fuhr bis zum Stadtrand, bog in eine anscheinend verlassene unbefestigte Seitenstraße ein und hielt an. Mein Leben hing davon ab, daß ich anhielt.

Sanford fragte: »Warum halten Sie hier, Mr. Columbia?« Die behandschuhten Hände lagen immer noch ruhig auf seinem Schoß.

Er war viel zu gelassen. Wenn ich mich geirrt hatte, würde ich ganz sicher im Knast landen. Ich sagte: »Wir haben miteinander zu reden. Sie haben mich beauftragt, einen vermißten Erben zu finden, was ich getan habe. Aber jetzt ist ein Mord daraus geworden.«

»Haben Sie mich etwa aus dem Bett geholt, um mir das zu sagen? Daß diese Wells-Blondine ein Verhältnis mit Mr. Massini hatte und ihn aus irgendeinem Grund umbrachte, geht mich nichts an. Und Sie auch nicht.«

»Mich geht es schon etwas an. Sanford, als Sie das erste Mal zu mir kamen, habe ich Ihnen empfohlen, einen normalen Detektiv zu beauftragen, und nicht mich. Ich arbeite nun mal mit elektronischen Hilfsmitteln. Aber Sie haben darauf bestanden, daß ich die Sache übernehme. Ich weiß nicht, wieso Sie ausgerechnet auf mich verfallen sind. Vielleicht wollten Sie mich reinreißen, mir für den Reinfall von damals eins auswischen. Aber ich hätte den Job niemals angenommen, wenn ich gewußt hätte, daß es dabei um Mord geht.«

»Ich weiß nicht, wovon Sie reden. Daß diese junge Dame Steven erschossen hat – damit habe ich doch nichts zu tun.«

»Sanford, sie hat es nicht getan. Ich habe ihr Telefon angezapft.

Das ist so meine Arbeitsmethode. Ich habe ihre Gespräche von gestern nachmittag auf dem Tonbandgerät auf dem Rücksitz. Wenn Sie wollen, spiele ich es Ihnen gern vor. Der Polizeiarzt hat Massinis Tod auf ungefähr drei Uhr festgesetzt. Um zwanzig vor drei telefonierte sie noch mit ihm, und auf dem Tonband ist der tödliche Schuß zu hören. Damit hat Rose Wells ein perfektes Alibi. Sie haben im Monroe Hotel auf sie gewartet, wo Sie Massini bereits umgebracht hatten. Als sie das Zimmer betrat, schlugen Sie sie nieder und ließen sie zusammen mit der Leiche und der Pistole da liegen, damit die Polizei sie findet.«

Sanfords Hände bewegten sich immer noch nicht, als er mich ansah und sanft sagte: »Eine phantastische Story. Soll das ein Erpressungsversuch sein?«

»Ich habe kein Geld von Ihnen verlangt, oder? Ich kann nur nicht untätig zusehen, wie man Mrs. Wells wegen eines Mordes den Prozeß macht, den sie nicht begangen hat. Wie ich schon sagte, Sanford, Sie hätten sich nicht ausgerechnet mich aussuchen sollen. Ich stelle nämlich auch bei jedem meiner Klienten eine ganze Reihe Routinenachforschungen an. Ich weiß, daß Sie pleite sind und sich an dem 800000 Dollar-Erbe vergriffen haben. Sie haben die Erben mit der Ausrede hingehalten, Sie könnten Steven nicht finden. Und zwar in der Hoffnung, Ihr Onkel würde in der Zwischenzeit sterben, womit Ihre Geldschwierigkeiten aus der Welt geräumt wären. Aber dann fand einer der Erben Steven, und Sie mußten ihm wohl oder übel schreiben. Und dann stürzte sein Flugzeug ab. Ich vermute, daß Sie die ganze Zeit vorhatten, ihn umzubringen, um die Testamentsvollstreckung zu verzögern. Vielleicht hofften Sie auch, mit Steven einen Handel abschließen zu können. Ihn dazu zu bringen, das Testament anzufechten. Egal was, nur Zeit gewinnen. Stevens geheimnisvolles Verschwinden aus dem Krankenhaus kam Ihnen sehr gelegen. Aber Sie mußten ihn finden, ihn auf irgendeine Art zum Schweigen bringen, denn Sie wußten, daß er früher oder später wieder auftauchen würde. Also kamen Sie zu mir.«

»Columbia, das ist doch alles der reinste Blödsinn. Ich habe Sie beauftragt, einen Erben aufzuspüren. Ein klarer Auftrag. Sie fanden ihn. Daß er später umgebracht wurde, ist nicht meine Sache.« Sein Mund war nur noch eine harte Linie.

Ich wunderte mich immer noch, warum er seine Pistole nicht zog. »Dieser Mord wird die Testamentsvollstreckung erneut verzögern. Und Sie beten darum, daß Onkelchen in der Zwischenzeit stirbt. Aber, Sanford, ich habe nicht Steven Massini gefunden.«

»Langsam wird mir die Sache zu langweilig. Fahren Sie mich ...«

»Steven Massini starb beim Flugzeugabsturz. Phil Wells saß auch in diesem Flugzeug. Einer der wenigen Überlebenden. Sie haben Phil Wells erschossen. Er war nicht auf den Kopf gefallen. Und als er alle die verkohlten Leichen um sich herum sah, griff er sich irgendeine Brieftasche – zufällig Massinis – und warf sein eigenes Feuerzeug neben Massinis Leiche. Von da an war er Steven Massini. Er verließ das Krankenhaus, nachdem er seine Frau angerufen hatte. Es ist nicht schwer, Phils Absicht zu erraten. So konnte seine Frau seine Lebensversicherung über 10000 Dollar kassieren, und natürlich würde sie auch die Luftfahrtgesellschaft verklagen. Später konnten sie dann zusammen weggehen. Dank der Flammen war eine genaue Identifizierung der Leiche ja nicht möglich, und solange Phil sich versteckt hielt ...«

»Eine unmögliche Geschichte«, unterbrach Sanford mich. Seine Augen waren eiskalt.

»Phil hat wahrscheinlich auch mit dem Gedanken gespielt, die 18000 Dollar aus dem Erbe einzustecken. Ihr Brief steckte ja in Massinis Brieftasche. Aber Phil hatte wohl Angst, man würde ihn als Schwindler entlarven. Der arme Kerl konnte ja nicht wissen, daß weder Sie noch einer der anderen Erben auch nicht die leiseste Ahnung hatten, wie Steven aussah. Sanford, Sie sind genauso dumm wie alle Amateure. Abgesehen davon, daß ich Mrs. Wells' Alibi auf Band habe, waren Sie außer ihr der einzige Mensch, der wußte, wo Massini untergekrochen war. Nachdem ich Ihnen am Telefon gesagt hatte, daß er sich im Davenport Hotel aufhielt, fuhren Sie wahrscheinlich dorthin, erfuhren, daß er abreisen wollte, und brachten es irgendwie fertig, ihm zu folgen. Sie erschossen ihn, nachdem Sie mitbekommen hatten, daß er Mrs. Wells sagte, sie solle zu ihm kommen. Er muß angerufen haben, kaum daß er in seinem Zimmer war, und Sie standen draußen vor der Tür imFlur.«

Sanfords fülliges Gesicht war schweißbedeckt. Er nahm seinen

Hut ab, und dort hatte er die Pistole, einen zweischüssigen Derringer. Er sagte: »Ich verstehe nicht, wie Sie sich so verhalten konnten, Mr. Columbia. Sie wissen doch, daß Sie mich damit zwingen, Sie umzubringen.«

Trotz der Pistole, die sich in meine Rippen bohrte, war mir vor Erleichterung fast schwindelig. Endlich hatte er sie gezogen und mit dieser Handlung den Mord gestanden. Vielleicht war mir auch schwindlig vor Angst. Ich sagte schnell: »Sehen Sie, Sanford, ich habe die Hände am Lenkrad. Ich kann also nichts unternehmen. Also drücken Sie noch nicht ab. Öffnen Sie zuerst das Handschuhfach. Alles, was wir hier gesagt haben, ist über Polizeifunk gesendet worden. Wir senden immer noch. Öffnen Sie das Handschuhfach!«

Seine kalten blauen Augen blieben fest auf mich gerichtet, während er das Fach mit der Linken öffnete. Dann sah er den Sender. Ich sagte: »Er hat eine große Reichweite. Ungefähr zwei Kilometer. Und die Polizei . . .«

»Ihr Bluff wird Ihnen nicht helfen, Columbia. Ein Sender benötigt Röhren, und ich sehe keine.«

»Der hier arbeitet mit der neuen . . .«

Der Seitenweg lag plötzlich im hellen Licht der Scheinwerfer, und der Polizist neben Al Peters rief: »Sie sind umstellt, Sanford. Werfen Sie die Waffe weg.«

Zwei uniformierte Polizisten mit Gewehren traten aus dem Gebüsch vor uns. Sanford stieß mir den Derringer in die Rippen und schrie: »Steigen Sie aus dem Auto, Columbia. Ich benütze Sie als lebenden Schutzschild.«

Ich packte die Hand mit der Pistole. Wir kämpften auf dem Vordersitz. Als die Polizisten die Tür aufrissen, drückte Sanford ab. Ich spürte, wie mir die Kugel gegen den Bauch schlug. Ich gab mir große Mühe, nicht ohnmächtig zu werden.

Ich trug zwar eine kugelsichere Weste, aber ich hatte schon immer einen schwachen Magen gehabt.

Originaltitel: HEIR TO MURDER. 3/67

Talmage Powell

Mit Hilfe des Gesetzes

Sheriff Alfie Abbot sprang aus dem dreckbespritzten Streifenwagen. Zusammen mit seinem hochgewachsenen, schlanken Gehilfen Bud Smith rannte er durch den strömenden Regen über die Straße zu dem kleinen, verlassen wirkenden Busbahnhof. Unter dem Blechdach vor dem Eingang, auf dem der Regen einen Trommelwirbel veranstaltete, blieben die beiden stehen. Jeden Augenblick mußte jetzt der Cleveland-Bus vorfahren.

Als die beiden durch das schmutzige Fenster in den nur schlecht beleuchteten Wartesaal spähten, zeigten ihre Schatten verblüffende Ähnlichkeiten mit einer Kegelkugel und einem Zaunpfahl. Nur ein einziger Fahrgast saß auf einer der altersschwachen Bänke; eine ärmlich gekleidete, vor sich hin dösende alte Frau, deren ramponierter Pappkoffer unter dem Sitz verstaut war. Der Fahrkartenschalter war bereits geschlossen. Wer zu dieser späten Stunde Hoskinsburg noch per Bus verlassen wollte, mußte seine Karte beim Busfahrer lösen.

»Fehlanzeige«, brummte Alfie enttäuscht.

Aber dann öffnete sich eine Tür. Ein Mann trat aus der Herrentoilette, und Alfies blaue Augen leuchteten erfreut auf.

»Mensch, Bud«! rief er leise. »Ich glaube, wir haben ihn. Die Beschreibung paßt haargenau«.

Der Mann im Warteraum war klein und stämmig. Er hatte ziemlich dunkle Haut und trug eine braune Popelinehose und eine schmuddelige Reißverschlußjacke. Er sah auf die staubige Uhr über dem verlassenen Fahrkartenschalter. Es war genau 10 Uhr 53. Der Bus nach Cleveland mußte nach Fahrplan in drei Minuten eintreffen.

Alfie packte Buds muskulösen, drahtigen Arm und zog ihn von dem erleuchteten Fenster weg.

»Sieht so aus, als hätten wir den Fall in Windeseile gelöst«, sagte Bud. »Wartet der Kerl doch tatsächlich auf den Bus. Der muß ja blöd sein. Es ist fast so, als wollte er sich von uns erwischen lassen.«

»Noch haben wir ihn nicht erwischt«, erinnerte Alfie ihn. »Wir müssen vorsichtig vorgehen. Damit der alten Dame nichts passiert«.

Bud nickte. Tiefer Ernst spiegelte sich auf seinem langen Gesicht wider. »Wie wollen wir es machen, Alfie?«

Alfies schwarzer Regenmantel raschelte leise. Seine Blicke flogen prüfend über das Gebäude.

»Wir besetzen die Ausgänge«, sagte er. »Du nimmst den Vordereingang, und ich gehe zur Seitentür, wo die Busse vorfahren.«

»Kapiert, Sheriff.«

»Und halt ein wachsames Auge auf das Vorderfenster«, mahnte Alfie zur Vorsicht. »Wenn er durch die Herrentoilette abhauen will, rennst du außen rum.«

»Wenn du ihm den Hinterausgang versperrst, entkommt er uns nicht«, versprach Bud. Beim Ton seiner Stimme sah Alfie ihn scharf an. Buds Augen zeigten ein gefährliches Glitzern, das Alfie an einen bluthungrigen Wolfshund erinnerte.

Alfie wedelte mit dem Zeigefinger unter Buds Adlernase hin und her. »Nun hör mal zu, Bud«, rief er seinen Gehilfen zur Ordnung. »Vergiß mir bloß nicht die Gerichtsverfügungen über die Behandlung von Verdächtigen, Verhafteten und Abgeurteilten. Weil wir nun einmal die einzigen Gesetzeshüter in dieser gottverlassenen Gemeinde sind, haben wir weder die Zeit noch das Geld, um uns bei einer Anklage wegen Polizeibrutalität verteidigen zu können.«

Bud biß die Zähne zusammen. »In Ordnung«, murrte er. »Aber wenn er Mätzchen macht, schmiere ich ihm eine.«

»Solange du nicht unnötig oder auf unmenschliche Art Gewalt anwendest – Er hat Rechte, vergiß das nicht.«

»Rechte! Ich nenne das Privilegien«, schnaubte Bud.

Aber jetzt wandte Alfie seine Aufmerksamkeit wieder der Busstation zu. Er atmete tief ein und zog die Schultern unter dem regendurchweichten Mantel zusammen. »Also gut – los geht's.«

Während er um die Ecke des Gebäudes bog, dachte Alfie, daß er es hier mit einem oberschlauen Typen zu tun hatte. Und in seinem Vokabular war ein oberschlauer Typ jemand, der so doof war, daß er die feste Überzeugung hegte, alle anderen Leute hätten noch weniger Grips als er.

Der Vogel, der da im Wartesaal herumsaß, wo die Hand des Gesetzes ihn jeden Augenblick greifen würde, hatte wohl gedacht, Hoskinsburg sei ein Ort, den man ohne Schwierigkeiten ausnehmen konnte, weil nur ein einziger Polizist hier Dienst tat.

Aber der Gauner hatte sein Spielchen von Anfang an vermasselt. Er war total nervös in das Hoskinsburger Service-Center marschiert, wo an diesem Abend nur Jim Harper allein arbeitete.

So zappelig wie ein Wurm, der den Angelhaken bereits spürte, hatte der Ganove versucht, die ganze Umgebung im Auge zu behalten, während er gleichzeitig einen rostigen Revolver zog und Jim davon in Kenntnis setzte, daß dies ein Überfall sei.

Jim, der mindestens genausoviel Schiß hatte wie der Möchtegernbandit, hatte aufgeheult und war hinter die Theke getaucht. Der Ganove hatte Jims Kreischen wohl für den Wutschrei eines heroischen Mannes gehalten, der gleich mit einer Waffe wieder hinter der Theke hervorkommen würde. Von Panik übermannt ließ er seinen Revolver fallen und suchte sein Heil in der Flucht. Als Jim die sich entfernenden Schritte hörte, raffte er seinen ganzen Mut zusammen, rappelte sich auf und rief die Polizei an.

Nur wenige Minuten später waren Alfie und Bud am Tatort. »Er ist Hals über Kopf die Hauptstraße runter gerannt, Sheriff«, hatte Jim, der kraftlos auf der Theke saß, mit zitternder Stimme seinen Bericht abgeschlossen. »Und er hat die Sache allein gemacht. Es hat niemand auf ihn gewartet.«

»Kein Auto?«

»Ich hab' keins gesehen.«

»Hmm«, hatte Alfie nachdenklich gebrummt. »Es gibt keine Züge und keinen Flugplatz. Nur den Bus nach Cleveland, der jetzt bald ...« Er schnippte mit den Fingern. »Ich hab's, Jim. Der Schlawiner hat sich vorher genau informiert. Hat seinen Überfall so geplant, daß er den Bus noch erwischt. Der hat vorgehabt, dich bewußtlos hier liegen zu lassen, während er es sich in aller Ruhe im Bus bequem gemacht hätte. Mit dem Zaster.«

»Stimmt, Alfie, so muß er es geplant haben.« Aufgeregt hatte Bud seinen Arm geschüttelt. »Mensch, Alfie. Das hast du toll rausbekommen.«

»Außer er hat doch ein Auto in einer Seitenstraße stehen«, sagte Alfie. »Auf jeden Fall lautet Regel Nummer eins: Alle möglichen

Fluchtwege überwachen. Und in Hoskinsburg ist der Bus eine Fluchtmöglichkeit. Also los, Bud. Wir müssen vor dem Bus an der Haltestelle sein.«

Jetzt sah es so aus, als würden Alfies scharfer Verstand und seine Tüchtigkeit ihre Früchte tragen. Der Ganove saß in der Falle. Bestimmt hatte er nicht damit gerechnet, daß ein »beschränkter Landpolizist« ihm so schnell auf die Schliche kommen würde. Und Alfie war sicher, daß es sich um den richtigen handelte. Es war unwahrscheinlich, daß sich in einer einzigen Nacht gleich zwei Fremde in Hoskinsburg aufhielten, auf die Jims Beschreibung zutraf.

Alfie hatte die breite Schwingtür an der Seite des Gebäudes erreicht. Durch die Glasscheiben warf er erneut einen Blick auf den Mann im Warteraum. Er war jünger, als Alfie zunächst angenommen hatte: ungefähr dreißig, aber er sah für sein Alter ganz schön abgebrüht aus. Kräftige Wangenknochen zeichneten sich unter der dunklen Haut ab, und eine Mähne schwarzen Haares, das wie Gefieder glänzte, ließ kaum die Ohren und den feisten Stiernacken frei.

Alfies Kehle war plötzlich wie ausgetrocknet. Er schluckte einmal, stieß die Tür auf und betrat den Wartesaal mit unbeholfenen, tapsigen Schritten, die an die Schwerfälligkeit des Busses erinnerten, der für den Ganoven zu spät ankommen würde.

Der Gangster sah Alfie sofort mißtrauisch an und wandte seinen Blick dann der Vordertür zu, durch die er Buds Schatten sehen konnte. Er atmete heftig ein und machte einen Schritt auf die Herrentoilette zu.

Alfie sprang vor, um ihm den Weg abzuschneiden. Der Gangster wiegte sich auf den Absätzen hin und her. Sein Mund verzog sich zu einer häßlichen Fratze. »Was willst du denn? Hast du vor, mir Schwierigkeiten zu machen?« Seine Stimme war rauh.

Alfie schlug den Kragen seines Regenmantels zurück und zeigte ihm die kleine, silberne Anstecknadel am Aufschlag seines schwarzen Anzugs. »Ich bin der Sheriff hier, und ich habe begründeten Anlaß, Sie einer Straftat zu verdächtigen.«

Der Gangster warf frech den Kopf zurück. »Sie sind wohl verrückt geworden, was? Ich warte nur auf den Bus.«

»Ich weiß«, sagte Alfie sanft. »Aber es gibt noch andere Busse, falls sich herausstellen sollte, daß Sie unschuldig sind.«

»Ja? Und was soll ich verbrochen haben?«

»Versuchten Überfall auf die Tankstelle und Raststätte von Hoskinsburg vor weniger als zwanzig Minuten«, sagte Alfie.

Der Gangster warf einen abschätzenden Blick auf Alfies kleine rundliche Gestalt und sein entschlossenes Gesicht. »Hören Sie zu«, fauchte er, »ich habe Rechte ...«

»Die wir beachten werden«, versicherte Alfie ihm. »Wir fangen gleich damit an Ihnen zu erklären, daß alles, was Sie sagen, gegen Sie verwandt werden kann.«

Obwohl die Schultern des Ganoven plötzlich zusammensackten, versuchte er noch eine letzte Drohung. »Okay, Mann. Aber ich werde Sie wegen willkürlicher Verhaftung so lange verklagen, bis Sie sich die Butter auf's Brot nicht mehr leisten können.«

»Meinetwegen«, entgegnete Alfie gelassen. »Und jetzt gehen wir.« Er packte seinen Gefangenen höflich am Arm, drehte ihn um und gab ihm einen leichten, aufmunternden Schubs.

Zwischen Alfie und Bud eingeklemmt, wurde der Verdächtige, der düster vor sich hin schwieg, zu dem kleinen, langweilig grauen Gebäude gebracht, in dem sich Alfies Büro und das vierzellige Gefängnis befanden.

Als sie im Büro waren, deutete Alfie auf einen hölzernen Stuhl mit Armlehnen, der am Schreibtisch stand.

Der Verdächtige setzte sich und umklammerte fest die Armlehnen. »Ich habe darüber nachgedacht. Vielleicht ist es besser, wenn ich reinen Tisch mache«, sagte er.

Alfie hob die Hand, um ihn zu unterbrechen. »Immer mit der Ruhe. Wir wollen von Ihnen kein erzwungenes Geständnis.«

Der Verdächtige starrte ihn erstaunt an. »Erzwungen?«

Alfie deutete mit dem Daumen erst auf sich und dann auf Bud, der neben der Tür Wache stand. »Zwei Polizeibeamte«, sagte er, »die Sie gegen Ihren Willen festhalten, ganz allein in einem kleinen Zimmer, mitten in der Nacht. Sie könnten sich darauf berufen, daß das eine Nötigung darstellt und eine Verletzung Ihrer Rechte.«

»Wollen Sie damit sagen, daß Sie mir nicht zuhören wollen?« fragte der Ganove erstaunt.

»Nicht, solange Sie keinen Anwalt haben«, entgegnete Alfie. »Das Gesetz schreibt es so vor.«

Der Ganove sank in seinen Stuhl zurück. »Was für ein Sheriff sind Sie überhaupt?«

Eine plötzliche Müdigkeit überfiel Alfie. »Ich habe immer gedacht, daß ich ein verdammt guter bin. Aber das ist jetzt nicht mehr so wichtig. In einem Jahr werde ich pensioniert, und ich habe nicht vor, mir von irgendeinem hergelaufenen Ganoven, der auf seine Rechte pocht, das Ende meiner Laufbahn vermasseln zu lassen. Ich bin der Meinung, daß ich mir die Butter auf die Brötchen redlich verdient habe.«

Der Verdächtige ließ seinen Blick zwischen Alfie und Bud hin und her wandern. »Die blöde Bemerkung mit dem Verklagen, das habe ich doch nicht so gemeint. War nur eine blöde Bemerkung.«

»Aber es ist eine verdammt gute Möglichkeit, mir eins auszuwischen«, sagte Alfie. »O nein, Sir. Das Gesetz sagt, daß Sie nicht verpflichtet sind, mir mehr als Ihren Namen, Alter und Adresse zu nennen, solange Ihr Anwalt nicht anwesend ist. Und falls Sie keinen Anwalt haben und sich auch keinen leisten können, bin ich verpflichtet, Ihnen einen zu besorgen, der Sie dann auf Kosten des Steuerzahlers verteidigt.«

Dem Verdächtigen blieb vor Verblüffung der Mund offenstehen. Seine Nervosität war völlig verflogen. »Das ist ja nicht zu fassen«, sagte er schließlich. »Sogar bis in dieses Provinznest ist der Spruch des Obersten Gerichtshofes gedrungen.«

»Wir halten uns nur genau an den Buchstaben des Gesetzes«, sagte Alfie. »Sie sind seit drei Jahren der erste Fall hier, den man als Schwerverbrechen bezeichnen könnte. Höchstwahrscheinlich der letzte derartige Fall vor meiner Pensionierung. Ich habe Sie geschnappt. Ich habe eine Waffe mit Ihren Fingerabdrücken und einen Zeugen. Ich habe meine Arbeit getan, und zwar bis in jede Einzelheit in Übereinstimmung mit dem Gesetz.«

Der Ganove setzte sich auf. »Wenn Sie mich auf mildernde Umstände plädieren lassen, erzähle ich Ihnen alles ... Es ist das erste Mal, daß ich einen Überfall versucht habe, und ich ...«

»Name?« sagte Alfie verbissen, während er ein Blatt Papier zur Hand nahm.

Der Verdächtige blies resigniert die Luft aus.

»Silvio Santos«, sagte er mürrisch.

»Alter?«

»Einunddreißig.«

»Adresse?«

Santos zuckte die Achseln. »Kein fester Wohnsitz.«

»Okay. Das wäre es für den Augenblick. Bring ihn in die Zelle, Bud. Und schau nach, ob das Bett auch frisch bezogen ist.«

»Ja, Sir«, sagte Bud und nahm den Gefangenen beim Arm.

»Moment mal. Warten Sie einen Augenblick.« Santos klammerte sich am Stuhl fest. »Ich habe Ihnen noch etwas über die Sache in der Tankstelle zu sagen.«

»Wenn Ihr Anwalt hier ist, Mr. Santos.«

»Wer sagt denn, daß ich einen Anwalt will?« schrie Santos.

»Mann, Sie *müssen* einen Anwalt wollen«, schrie Alfie zurück.

»Wer sagt das?«

»Das Gesetz, Sie Dummkopf. Sie haben Rechte, ob Sie sie nun kennen oder nicht. Sie müssen einen Anwalt haben!« Alfie sah auf seine Faust, mit der er auf den Schreibtisch gehämmert hatte. Dann atmete er tief ein und sagte mit ruhigerer Stimme: »Wer ist also Ihr Anwalt?«

»Ich kenne jemand in Cleveland. Aber wahrscheinlich ...«

»Wie heißt er?«

»Arnold Eman.«

»Wir setzen uns mit ihm in Verbindung. Das gehört zu unserem Job. Und zu den Sicherheitsvorkehrungen, die zum Schutz Ihrer Rechte eingeführt worden sind.«

Der Anwalt traf erst um zehn Uhr am nächsten Morgen in Alfies Büro ein. Er trat mit energischen Schritten durch die Tür, stellte sich vor und schüttelte Alfies Hand mit festem Griff. Alfie fielen fast die Augen aus dem Kopf. Er hatte irgendeinen Winkeladvokaten erwartet, aber Mr. Eman war eine solide aussehende, elegant und teuer gekleidete Persönlichkeit mit einer mindestens neunkarätigen Krawatten-Brillantnadel. Er strömte gelassenes Selbstvertrauen aus und eine Duftwelle von Eau de Cologne, bei der man unwillkürlich an Bond Street denken mußte. Vor der Tür wartete ein Chauffeur in der luxuriösen Limousine, die Mr. Eman hergebracht hatte.

»Wenn ich jetzt meinen Klienten sehen könnte, Sheriff?«

»Aber sicher. Er ist der einzige, den wir im Augenblick bei uns im Gefängnis haben. Sie können also ganz ungestört mit ihm reden. Hier entlang, bitte.«

Als Alfie wieder in seinem Büro war, schaukelte er mit seinem Stuhl zurück, faltete die Hände über dem Bauch und gab sich tiefgreifenden Überlegungen hin.

Nach kurzer Zeit entspannte er sich. Mit dem rostigen Revolver, Silvio Santos Fingerabdrücken und Jim Harpers eidesstattlicher Aussage als Augenzeuge hatte er einen unanfechtbaren Fall.

Ein Lächeln zuckte um seine Lippen. Sollten Santos und der Anwalt doch machen was sie wollten. Das hier war ein Fall, an dem es nichts zu rütteln, an dem es nicht die geringste Kleinigkeit zu beanstanden gab. Ihm war kein einziger Formfehler unterlaufen. Die Rechte des Verdächtigen waren genauestens gewahrt worden.

In die Stille von Santos Zelle sagte Eman: »Unter diesen Umständen war es wohl das Beste, mich zu rufen.«

»Sicher.« Santos saß auf seiner bequemen sauberen Pritsche und zog genüßlich an einer Zigarette.

Eman saß neben ihm und legte ihm die Hand auf die Schulter. »Machen Sie sich keine Sorgen, Silvio. Sie gehen zwar in den Knast, aber in spätestens einem Jahr sind Sie wieder draußen.«

»Und dann warten fünfundzwanzigtausend auf mich.« Silvios dunkle Augen blickten träumerisch in die Zukunft.

»Dürfte kein schlechtes Jahr sein«, lachte Eman. »Außer, daß es keine Frauen gibt. Heute sind Gefängnisse ganz anders als früher. Heute haben Sie Rechte, Privilegien, Kino, Ballspiele, Bibliothek, Inspektoren, die die Qualität des Essens überwachen.«

»Und den Frauenmangel werde ich schon wettmachen, wenn ich mit den Taschen voller Geld wieder rauskomme.« Silvio gab Eman lachend einen Stoß in die Rippen. Dann lehnte er sich zurück und wurde wieder ernst. »Ein Jahr, um zu überlegen, wann und wie ich es mache«, sagte er nachdenklich.

»Und keiner wird je auf den Gedanken kommen, daß Sie etwas damit zu tun haben. Keiner wird Sie mit ihm in Verbindung bringen können.« Das Gesicht des Anwalts verhärtete sich. »Er ist ein drekkiger Verräter, er hat es verdient, daß man ihn wie eine Laus zerquetscht. Bis zu Ihrer Gerichtsverhandlung habe ich genügend Zeit, Sie in alle Einzelheiten einzuweihen. Wenn Sie erst einmal drin sind und die Sache überblicken, können wir Ihnen alles hineinschmuggeln, was Sie für die Tat brauchen.«

Santos nickte. »Stellen Sie sich das einmal vor. Da habe ich mir alle erdenkliche Mühe gegeben, mich wegen eines einigermaßen schweren Verbrechens einbuchten zu lassen, und dann dämmerte es mir plötzlich, daß dieser doofe Sheriff mir vielleicht irgendeinen Anwalt besorgen würde, der mich eventuell sogar freigeboxt hätte.«

Eman zündete sich eine Filterzigarette an und lächelte Santos durch den sich kräuselnden Rauch zu. »Genau. Und nun ein paar Einzelheiten über den Verräter, den das Syndikat eliminieren will.« Eman räusperte sich. »Erstens, er hat die Gefangenennummer 11 802. Sein Name ist . . .«

Emans Stimme sank zu einem vertraulichen Flüstern herab. Santos hörte ihm mit halb geschlossenen Lidern zu.

Originaltitel: THE PRIVILEGES OF CRIME. 3/67

Edwin P. Hicks

Das Meisterwerk

Elizabeth Harris unterschied sich in dreifacher Hinsicht von Margaret Bourke-White. Sie war jünger, sie hatte leuchtendrotes Haar, und sie arbeitete mit Skizzenblock, Stift und Pinsel anstelle der Kamera. Aber genau wie Miss White war auch sie besessen von dem rastlos machenden Zwang, die Seele der Menschheit aufzuspüren und zu enthüllen, dem Bedürfnis, dort zu sein, wo etwas geschah. Elizabeth hatte sechs Monate bei den amerikanischen Streitkräften in Vietnam verbracht und in ihren Bildern den Geist eingefangen, der die vietnamesischen Patrioten in ihrem Kampf gegen die Aggressoren bewegte. Davor hatte die Zeitschrift, bei der sie angestellt war, sie zwischen der Berliner Mauer und dem Kongo hin und her gehetzt.

Jetzt war Elizabeth in den Ozark Mountains. Sie hatte einen langen Urlaub vor sich, und das einzige, was sie zu tun beabsichtigte war, im Bett zu frühstücken und dann an den langen faulen Nachmittagen Gebirgslandschaften und Charakterstudien zu zeichnen.

Aber kaum war sie im Ozark Hotel angekommen, packte sie auch schon wieder ein neuer Einfall, der ihr keine Ruhe mehr ließ. Überall ließ sie verlauten, daß sie viel darum geben würde, einen wirklich echten Schwarzbrenner kennenzulernen. Eifrig und glücklich verkündete sie den Bootsvermietern und allen anderen Leuten, mit denen sie in Kontakt kam, daß sie jedem Schwarzbrenner fünfhundert Dollar in bar zahlen würde, wenn er ihr erlaubte, ihn an seiner Destille zu malen.

Ein wirklich lebensechtes, an Ort und Stelle angefertigtes Gemälde von einem Schwarzbrenner bei der Arbeit würde, dessen war Liz sich sicher, ganz bestimmt den ersten Preis im jährlichen Malerwettbewerb der American Art Association erringen. Einmal, kurz vor ihrem ersten Auftrag in Übersee, hatte sie ein Bild mit dem Titel »Jugendzeit« gemalt, das Porträt eines sommersprossigen Jungen beim Fischefangen in einem Sumpfloch am Mississippi. Mit diesem Bild war sie auf den dritten Platz gekommen. Ihr jetziges Vorhaben würde ganz sicher den ersten Platz erobern.

Jetzt lag sie mit verbundenen Augen auf dem Rücksitz eines uralten Autos, das mitten in der Nacht eine staubige Straße im Herzen der Ozark Mountains entlangrumpelte, und sie hörte die kratzige Stimme einer alten Frau religiöse Hymnen singen.

Etwas früher in dieser Nacht waren die Frau und der Mann in ihrem Hotelzimmer aufgetaucht. Die alte Vettel hatte leise vor sich hin gekichert. Der Mann hatte, als erinnere er sich plötzlich an längst vergessene Benimmregeln, mit einer knorrigen Hand den zerknautschten Filzhut abgenommen, unter dem dichtes weißes Haar zum Vorschein kam. Seine eingefallenen Wangen bewegten sich langsam, während er genüßlich seinen Tabak kaute und in aller Ruhe die rothaarige Städterin anerkennend betrachtete. Seine Augen waren so blau wie der Himmel, den Liz während ihrer Zeit in der Künstlerkolonie in Taos gemalt hatte, und so kalt wie der eisige Atem der DDR-Grenzsoldaten in einer Winternacht.

»Sind Sie Schwarzbrenner?« fragte Elizabeth den Mann.

»Haben Sie die fünfhundert Dollar?« fragte er mißtrauisch zurück.

Elizabeth nahm ihre Geldtasche und zählte zweihundertfünfzig Dollar ab. »Und hier sind die restlichen zweihundertfünzig, die ich im Hotelsafe deponieren werde. Sie bekommen sie, wenn ich und das Bild sicher wieder hier sind.«

Die sehnigen Hände des Mannes waren schneller als die gierigen Klauen, die die Frau nach dem Geld ausstreckte. Er verstaute die Scheine in einer uralten Brieftasche. »Einverstanden«, sagte er.

»Ja, einverstanden«, stimmte auch die Alte zu.

Das Auto, in das sie schließlich einstiegen, hustete, keuchte und klapperte. Als sie aus der Stadt waren, hielt der Mann am Straßenrand an. »Steigen Sie aus, damit meine Sarah Ihnen die Augen verbinden kann«, sagte er. »Wir können nicht riskieren, daß Sie später eine Meute Steuerfahnder zu uns führen.«

Die Frau verband Liz die Augen sorgfältig mit einem schwarzen Tuch. Dann half sie ihr auf den Rücksitz und befahl ihr, sich hinzulegen. Liz gehorchte und machte es sich so bequem wie möglich.

Es war schon nach Mitternacht, als das Auto endlich mit einem letzten Hopser anhielt und die Binde von Liz' Augen entfernt wurde. Sie befanden sich auf einem Hof, direkt hinter einem primitiven

Blockhaus. Aber wo Haus und Hof sich befanden, davon hatte Liz nicht die leiseste Ahnung. Der Oktobermond schien hell auf Kiefern und Zwergeichen, deren frischer Duft zu einem gewissen Maß den durchdringenden Geruch nach Pferdeäpfeln und Kuhmist überdeckte. Drei Kühe lagen fast direkt vor ihren Füßen, und unter dem Schutz einer Wellblechscheune lugten zwei Maultiere schläfrig zu ihnen hinüber.

Elizabeth sank in das weiche Federbett und in einen ohnmachtsähnlichen Schlaf. Sie wachte erst wieder auf, als die Frau des Schwarzbrenners mit einer Petroleumlampe in der Hand neben ihrem Bett stand.

»Das Frühstück steht auf dem Tisch«, sagte sie, stellte die Lampe ab und verließ das Zimmer.

Elizabeth kam es so vor, als habe sie nur wenige Minuten geschlafen, aber ein Blick auf ihre Uhr sagte ihr, daß es bereits fünf war. Gähnend zog sie einen Hausmantel über ihren grünen Schlafanzug und ging in das andere Zimmer. Das Licht der Lampe, die mitten auf dem Tisch stand, schien auf grobe, handgeschnitzte Möbel und einen altmodischen, mit Holz beheizten Herd. Das Frühstück bestand aus heißen Biscuits, frischem Brot, Eiern, Schinken, Pfirsichmarmelade, Honig und Kaffee. Liz machte sich darüber her, als sei sie nahe am Verhungern.

Sie war glücklich. Sie freute sich darauf, die Arbeit an ihrem Bild anzufangen, und versuchte in ihrem Überschwang, sich mit ihren beiden Gastgebern zu unterhalten. Aber trotz ihrer Bemühungen sprachen sie nur wenig, und in der Stimme der Frau schwang etwas mit, was Liz nicht verstehen konnte. Die alte Dame saß auf der anderen Seite des Tisches, so daß ihr Gesicht von der Lampe fast völlig verdeckt wurde. Heute morgen trug sie ein einfaches blaues Kattunkleid anstelle des dunklen Sonntagsmorgenkirchgangsgewandes, das sie angehabt hatte, als sie mit ihrem Mann in Liz' Hotelzimmer erschienen war. Das weiße Haar der Frau war straff zurückgekämmt und im Nacken zu einem festen Knötchen geschlungen. Von hinter der Lampe her starrten die dunklen Augen der alten Dame oft mit einem merkwürdigen Ausdruck auf Elizabeth, bei dem es ihr aus unerfindlichen Gründen kalt über den Rücken lief.

Nach dem Frühstück trat die schwarze Augenbinde wieder in

Aktion, und Elizabeth wurde, bepackt mit Skizzenblock und Malkasten, von dem alten Mann einen wie es ihr schien endlosen Bergpfad entlang geführt. Als er dann schließlich Liz' Augenbinde entfernte, war es bereits heller Tag, aber aus offensichtlichen Gründen befanden sie sich noch immer im Dunkeln. Sie standen unter einem weit vorspringenden Sims aus grauem Kalkstein, und genau vor ihnen ragte ein riesiger Felsen aus granitartigem Gestein auf. In dieser natürlichen Felseinbuchtung war ein vielgebrauchter, abgenutzter, mit Grünspan bedeckter kupferner Brennapparat zu sehen. Liz' Puls raste vor Aufregung und Freude. Das war's. Das hier würde ihr den Amerikapreis einbringen, oder sie würde eine Anstreicherlehre anfangen.

Der Boden war vom häufigen Begehen glatt und eben. Neben dem alten Destillierkessel standen Fässer und große irdene Gefäße mit gärender Maische, und direkt an der Felswand waren Zucker- und Getreidesäcke aufgestapelt. Ein kleiner Bach floß vorbei, dessen Wasser in einem aus dem Felsen gehauenen Bassin aufgefangen wurde. Es war ein ideales Versteck, ein idealer Aufstellungsort für eine verbotene Brennanlage, und der Platz war wahrscheinlich schon von Generationen von Schwarzbrennern zu genau diesem Zweck benützt worden.

Am ersten Morgen skizzierte Liz den alten Schwarzbrenner beim Anfeuern der Anlage und beim Präparieren der Maische. Sie skizzierte ihn in den verschiedensten Positionen – beim Aufstellen der Tongefäße unter der kupfernen Schlange des Apparates, beim Probieren des neuen Gebräus, beim Spalten von Feuerholz.

Aber was Liz eigentlich einfangen wollte, das fand sie in den Linien und Falten des alten Gesichts, in den verhornten Händen, den von der Sonne gebräunten Armen, im eisigen Blick der kühnen Augen, dem silbergrauen Haar, dem wettergegerbten Pergament der eingefallenen Wangen. Schließlich hatten sie die ideale Pose gefunden: Er saß auf einem groben Holzklotz, die athletische Gestalt lässig ausgestreckt, die kühnen Augen blickten in die Ferne, die grünspanbewachsene Kupferschlange befand sich direkt neben ihm, und das Repetiergewehr lag über seinen Knien. Im Hintergrund waren die Fässer und Maischebehälter, die Zucker- und Getreidesäcke, das Feuerholz und die Tonkrüge zu sehen. Am nächsten

Morgen würde sie anfangen, auf Leinwand zu malen.

An jenem Abend bot Liz, die vor Glück und Aufregung fast überströmte, der alten Frau ihre Hilfe beim Geschirrspülen an. Aber die lehnte grob ab. »Ich will nicht, daß Sie Ihre lilienweißen Hände in mein Spülwasser stecken. Sie könnten sie sich ja ein für allemal ruinieren.«

Liz war so verblüfft, daß ihr keine Antwort einfiel.

»Und noch etwas«, fuhr die Frau fort. »Lassen Sie Ihre Finger ja von meinem Mann! Jed ist nicht der Typ, der sich zusammenreißen kann, wenn eine Frau ihm schöne Augen macht. Vor allem dann nicht, wenn es sich um eine aufgetakelte Rothaarige wie Sie handelt.«

»Wie kommen Sie denn auf die Idee?« fragte Liz. »Meine Güte, er könnte ja mein Großvater sein.«

»Jed ist immer noch Manns genug. Und Sie sind schlau genug, das auch zu wissen.«

In diesem Augenblick hörten sie Jed aus dem Stall kommen, wo er das Vieh gefüttert hatte. Ehe er noch das Haus betrat, ging Liz in ihr Zimmer und schloß die Tür. Sie zog den Schlafanzug an, legte sich ins Bett und hörte den ungewohnten Geräuschen der Ozarkwildnis zu, die sich auf die Nacht vorbereitete: dem letzten Zwitschern eines Vogels, dem Schrei der Eulen, einem Bellen, das entweder von einem Hund oder einem Fuchs stammen konnte. Die seltsame, unbegründete Eifersucht der Frau des Schwarzbrenners hielt sie noch lange wach. Sie war schon an so vielen Orten der Welt gewesen, bei Tausenden von jungen Amerikanern weit weg von zu Hause, die sich nach dem Anblick einer Frau aus den Staaten verzehrten, und noch nie war ihr etwas geschehen. Aber diese ungebildete Hinterwäldlerin, die alt genug war, ihre Großmutter zu sein, war fast grün vor Eifersucht, nur weil sie ein Bild von ihrem »Mann« malte und für dieses Privileg fünfhundert Dollar auf den Tisch blätterte.

Elizabeths Freunde in New York würden das herrlich finden – das heißt, wenn sie überhaupt je dazu kam, es ihnen zu erzählen, und nicht mitten in der Nacht von der alten Vettel mit einem Fleischermesser oder sonst etwas abgemurkst wurde. Aber Liz überlebte die Nacht, und trotz ihrer Bedenken schlief sie sogar sehr gut.

Wieder wurde das Ritual mit der Augenbinde durchgeführt, und sobald sie vor der Leinwand saß, war alles andere vergessen. Jeder Pinselstrich war eine reine Freude. Das hier war keine Arbeit, es war ein Genuß, ein Spiel – sie würde den ersten Preis der Association dafür bekommen. Aber ihre Motivation ging über den Preis hinaus. Sie hatte den Wunsch, etwas Brutales, Primitives, Wirkliches zu schaffen. Sie malte, was sie sah, und sie sah mehr als andere Menschen. Sie malte die rauhen, harten Hände, die immer noch mit eiserner Kraft zupacken konnten. Sie malte die eiskalten Augen, das dichte, weiße Haar, in dem man immer noch Strähnen des ursprünglichen Schwarz erkennen konnte. Sie malte die zerklüftete Umgebung, die grauen Kalksteinfelsen, die schwarzen Flecke vom Rauch der Brennanlage, das rieselnde Wasser, das goldene Gebräu und die rote Glut des Ahornfeuers, das unter der Anlage brannte.

Elizabeth hatte keine Ahnung, wer ihr Modell war. Sie wußte nur, daß seine Frau ihn Jed nannte, was vielleicht, aber nur vielleicht, sein richtiger Name war. Auf jeden Fall vergaß Liz in der Schwermütigkeit und Schönheit dieser Umgebung all ihre Bedenken bezüglich der Frau. Die Schlucht schien ihr der schönste Ort der Welt zu sein, und der friedlichste, mit den bereits goldenen und rotbraunen Blättern vor dem immer noch grünen Hintergrund. In dieser Höhe hatte es bereits Frost gegeben, und Elizabeth genoß den Vorzug, hier sein zu dürfen und den wilden, starken Geruch der Berge in sich aufzunehmen. Sie fühlte sich richtig übermütig; sie schuf etwas. Etwas, das sie für wichtig hielt. Etwas, das lebensecht war und lebendig.

An diesem Abend tafelten sie im Überfluß. Der Tisch war beladen mit Maisbrot, starkem schwarzen Kaffee, frischer Milch mit einer dicken Rahmschicht, frischem Fleisch, das Liz für Wild hielt, Obstkuchen und Ahornsirup. Aber die Frau und Liz sprachen nicht miteinander. Sie hatten seit dem Ausbruch vom letzten Abend kein Wort mehr miteinander gewechselt, aber Jed hielt dieses Schweigen offensichtlich nicht für ungewöhnlich, oder aber er schenkte ihm keine Beachtung.

Schließlich war auch Jed ein schweigsamer Mann. In seiner Art lag etwas, das Liz davon abhielt, ihm Fragen zu stellen. Er erfüllte seinen Teil der Abmachung, und das war alles, was sie verlangen konnte. Irgendwie fühlte sie sich wie ein Kind, das den Schlüssel zu einem Süßwarengeschäft erwischt hat. Ihr Glück war fast nicht zu fassen. Aber das Kind mußte sich mit dem Problem auseinandersetzen, wie es mit den Süßigkeiten unbemerkt verschwinden konnte. Und Liz wußte, daß sie ein Bild hatte, bei dem den Preisrichtern und Kunstkritikern die Spucke wegbleiben würde – falls sie es vollenden und heil aus dieser Wildnis herausbringen konnte.

Am Nachmittag des vierten Tages in den Bergen lastete die Drohung von Mrs. Jeds Feindschaft immer schwerer auf Elizabeth. Sie wußte, daß es zwischen ihnen keinen Frieden geben würde. Für die Alte war sie eine rothaarige Hexe, eine böse Versucherin, die sich ihren kostbaren Mann angeln und wenn möglich weglocken würde.

Aber was sollte es? Noch ein Tag, und dann war das Bild fertig. Das alte Paar würde sie dann ins Hotel zurückbringen, die restlichen zweihundertfünfzig Dollar einkassieren und für immer verschwinden. Heute abend würde sie den beiden diese gute Neuigkeit verkünden, und vielleicht würde die Spannung sich dann etwas lösen.

Aber noch am selben Nachmittag gab es Ärger in der Form einer pfeifenden Gewehrkugel, die dichter an Liz vorbeisurrte als alles, was sie im Vietnamkrieg erlebt hatte. Der Pinsel in ihrer Hand zersplitterte.

Instinktiv warf sie sich auf den Boden.

Genauso schnell bewegte sich der alte Jed durch das Unterholz, sprang mit der Geschicklichkeit einer Bergziege von Felsen zu Felsen und stürmte auf eine kleine weiße Rauchwolke zu, die sich ungefähr dreißig Meter weiter über einem Sumachbusch kräuselte. Es gab ein Handgemenge hinter dem Busch, ein kurzer Schrei ertönte, und in erstaunlich kurzer Zeit war Jed wieder zurück, mit zwei Gewehren im Arm – seinem eigenen und einem langen Vorderlader. Er grinste. Es war das erste Mal, daß Liz so etwas wie Belustigung auf seinem Gesicht sah.

»Sie werden es nicht glauben«, sagte er, »aber meine Sarah hat Angst, daß Sie vorhaben, mit mir durchzubrennen. Der Schuß kam von ihr. Sie wollte Ihnen nicht wirklich etwas antun. Sie kann nämlich ein Eichhörnchen auf der Spitze des höchsten Baumes in der Gegend treffen. Ich habe ihr vor Jahren selbst das Schießen beigebracht. Sie hat absichtlich vorbeigeschossen. Aber sie kann es einfach nicht ertragen, daß wir beide Tag um Tag ganz allein hier sind. Deshalb hat sie Ihren Pinsel zerschossen, um Sie von hier zu vertreiben. Die zweihundertfünfzig Dollar, oder sogar die ganzen fünfhundert bedeuten ihr einen Dreck. Aber machen Sie nur weiter und lassen Sie sich so viel Zeit wie Sie wollen, denn meine alte Betsy hier ist das einzige andere Gewehr, das wir haben.«

Elizabeth arbeitete mit einem anderen Pinsel weiter – als ihre Hände aufgehört hatten zu zittern. Von Zeit zu Zeit kicherte Jed vor sich hin. »Arme alte Sarah«, sagte er halb entschuldigend. »Sie hat so lange hier in den Wäldern gelebt, daß sie es nicht ertragen kann, wenn eine andere Frau auch nur in meine Nähe kommt. Sie hat versprochen, brav zu sein, als wir von den fünfhundert Dollar hörten, aber jetzt sind ihr die fünfhundert völlig egal. Jetzt will sie nur, daß Sie von hier verschwinden.«

Er lachte wieder auf und fuhr dann fort: »Erinnert mich an die Zeit, als Cousin Rufe und ich hinter Sarah her waren. Rufe und ich waren noch halbe Kinder, noch nicht trocken hinter den Ohren. Sie war die Königin auf allen Tanzveranstaltungen, eine richtige Hillbilly-Schönheit. Und Rufe und ich waren die wildesten Kerle hier in der ganzen Gegend. Da können Sie jeden fragen. Sie hat ganz schön Spaß dabei gehabt, erst Rufe gegen mich und dann mich gegen Rufe auszuspielen. Manchmal denke ich, daß sie schließlich selbst nicht mehr genau wußte, wen von uns sie eigentlich am liebsten hatte, aber dann hat sie doch mich genommen. Und ich glaube, seitdem meint sie, jede Frau müßte genauso an mir interessiert sein wie sie. Verrücktes Weib. Dabei ist es schon so lange her, daß Frauen mich oder Rufe überhaupt angeschaut haben.«

Als Jed und Elizabeth an diesem Abend ins Haus zurückkamen, arbeitete Sarah in der Küche. Bei Tisch hielt sie den Kopf von Liz abgewandt, aber einmal ertappte Liz sie dabei, wie sie ihr unter dem Häubchen einen schnellen, bösen Seitenblick zuwarf. Ihre Augen waren rot und geschwollen.

Ehe sich Liz ins Bett legte, schob sie eine Kommode vor die Tür ihres Zimmers. Eine eifersüchtige Frau, das wußte sie inzwischen, konnte gefährlicher sein als ein rebellierender Kongostamm.

Am Nachmittag des nächsten Tages, dem fünften ihres Aufenthalts in den Bergen, legte Liz den Pinsel aus der Hand.

»Kommen Sie her und schauen Sie es sich an, Jed«! rief sie. »Es ist fertig.«

Bis jetzt hatte der alte Mann kaum einmal einen Blick auf das Bild geworfen. Jetzt sah er es sich genau an. Liz merkte, daß er geschmeichelt war und unter der gelassenen Oberfläche so aufgeregt wie ein Kind.

»Das bin ja tatsächlich ich«, sagte er. »Und die alte Kupfer-Annie. Sie haben wirklich gute Arbeit geleistet.«

»Ich bin froh, daß es Ihnen gefällt. Jetzt können Sie mich zurück ins Hotel bringen und Ihr Geld abholen.«

»Da ist nur noch eins: Was haben Sie jetzt mit dem Bild vor?«

»Jed«, sagte Liz stolz, »dieses Bild von Ihnen und dem Brennapparat gewinnt ganz bestimmt den ersten Preis im größten amerikanischen Maler-Wettbewerb des Jahres. Es ist typisch amerikanischer Volksstil. So etwas hat es noch nie gegeben. Es ist das Beste, was ich je gemacht habe.«

»Tja, wenn Sie das sagen, wird es wohl stimmen. Kommt das Bild auch in die Zeitung hier?«

»In die Zeitung? Hören Sie zu, Jed. Sie sind jetzt berühmt. Wenn das Bild den Preis gewinnt, kommt es wahrscheinlich in alle Zeitungen im ganzen Land. Das hier ist Kunst, die jeder versteht – Kunstkritiker und Publikum.«

»O nein. Nicht mein Bild.«

»Aber, Jed, wir haben eine Abmachung. Ich zahle fünfhundert Dollar für das Bild. Es gehört mir. Ich kann damit machen, was ich will.«

Der alte Mann schüttelte störrisch den Kopf. »Es war nie die Rede davon, daß mein Bild in irgendeine Zeitung kommt. Das haben wir nie abgemacht. Sie halten mich wohl für blöd. Jeder Steuerfahnder im Staat wird das Bild sehen. Und die meisten kennen mich und versuchen schon seit Jahren, mir etwas anzuhängen. Nicht mit mir.«

»Aber das können Sie doch nicht machen«, bat Liz. »Ich bin den weiten Weg hierher gekommen, nur um dieses Bild zu malen.«

»Und Sie werden den ganzen weiten Weg ohne es zurückgehen, Maiam. Außer . . .«

»Außer was?«

»Ich denke mir, die Künstler, die das Bild beurteilen, müssen mein Gesicht doch nicht ganz genau so sehen, wie es in Wirklichkeit ist. Können Sie es nicht ein bißchen verändern?«

»Das könnte ich schon«, sagte Elizabeth. »Aber gerade Ihr Gesicht macht doch das Bild aus.«

»Nein, das wichtigste ist der Brennapparat da drüben. Nicht mein Gesicht. Sie könnten jede langohrige Bergziege neben die alte Kupfer-Annie setzen, und die Stadtheinis würden immer noch denken, es wäre ein echter Schwarzbrenner. Warum malen Sie mir keinen Bart an? Einen langen, dichten Bart? Das erwarten die Stadtleute doch sowieso von uns.«

Also arbeitete Liz noch einen Tag. Sie malte dem alten Jed einen langen, dichten Bart und hoffte und betete nur, daß er die Wirkung des Bildes nicht schmälern würde. Von Zeit zu Zeit inspizierte Jed ihr Werk und machte Vorschläge bezüglich der Farbe und Form, die der Bart haben sollte. Liz gehorchte. Sie hatte keine andere Wahl, oder sie würde das Bild nie mitnehmen können. Sie mußte die Linien des Mundes übermalen, das energische Kinn, die pergamentähnliche Struktur der Wangen. Schließlich war der alte Jed zufrieden, und Liz mußte es wohl oder übel auch sein.

Noch in der gleichen Nacht fuhren sie in die Stadt zurück. Elizabeth lag, wie schon auf dem Hinweg, mit verbundenen Augen auf dem Rücksitz. Sie spürte, wie die Spannung der letzten Tage allmählich nachließ. Jed spornte das alte Auto zu ungeahnter Geschwindigkeit an, und Sarah begann leise vor sich hinzusummen. Auf halbem Weg zur Stadt war sie bereits so gut gelaunt, daß sie wieder, wie auf dem Hinweg, mit brüchiger Stimme Hymnen zum Besten gab. Und im Hotel sah sie Liz fast freundlich an, als diese die restlichen zweihundertfünfzig Dollar aus dem Safe holen ließ und Jed aushändigte.

Am nächsten Tag kehrte Elizabeth nach New York zurück und lieferte das Bild gerade noch termingerecht ab. Dann flog sie nach Florida, um einen jetzt redlich verdienten Urlaub zu machen und weitere Aufträge ihrer Zeitschrift abzuwarten.

Kurz nach dem Ersten des nächsten Monats erhielt Liz die gute Neuigkeit – fast gleichzeitig mit einem Auftrag in Mittelamerika.

Die alte Kupfer-Annie und Jed, mit Bart und allem, hatten sie nicht im Stich gelassen. Sie hatte es geschafft. Sie hatte den ersten Preis gewonnen.

Sie hatte recht gehabt. Das Bild schlug wie eine Bombe ein. Kunstkritiker priesen seine Tiefe und Aussagestärke. Und auch die Jims und Joes in den Bars verstanden das Bild und waren gleichermaßen begeistert. Das Bild war Amerika. Es wurde im großen Rahmen in allen Zeitungen besprochen, und in einigen erschien es sogar auf der Titelseite. Ihr eigenes Magazin brachte es farbig auf einer Doppelseite, zusammen mit einem Bericht über Liz' bisherige Laufbahn.

Sechs Wochen später war Liz wieder in New York. Ihr Bild sollte in der Art Gallery ausgestellt werden, und Liz war rundherum glücklich – bis sie eines Tages eine gerichtliche Vorladung erhielt. Sie wurde aufgefordert, als Zeugin in einem Mordfall, der sich in den Ozark Mountains abgespielt hatte, zu erscheinen.

Es stellte sich heraus, daß Rufe, Jeds Cousin, ebenfalls Schwarzbrenner war und, wie Liz jetzt zum erstenmal erfuhr, eine verblüffende Ähnlichkeit mit Jed hatte. Nach dem Kampf um Sarah vor so vielen Jahren hatte Rufe sich einen langen, dichten Bart stehen lassen, während Jed glattrasiert blieb, um die verhaßte Ähnlichkeit endlich zu zerstören.

Als Rufe das Bild seines bärtigen Selbst neben einer Schwarzbrennanlage in der Zeitung sah, wußte er, daß er jetzt die Steuerfahnder auf dem Hals hatte. Als alter Schwarzbrenner hatte er auch sofort die klassische Formgebung von Jeds Kupfer-Annie erkannt, und er wußte, daß Jed, obwohl der nach alter Schwarzbrennerregel den Mund gehalten hatte, ihn nichtsdestoweniger verraten hatte. Da hatte Rufe, wie es in der Gerichtsverhandlung hieß, sein Gewehr genommen, war zur Ranch marschiert und hatte den armen Jed totgeschossen. Dann hatte er sich selbst dem Sheriff gestellt und um Schutzhaft gebeten. Und Elizabeth dachte, daß der alte Rufe sehr viel Schutz brauchen würde – vor Sarah und ihrem alten Vorderlader.

Originaltitel: STILL LIFE. 3/67

Ed Dumonte

Der heiße Tip

Ich war immer ein ehrlicher Mann. Bis zu dem Tag, an dem ich Barbara Ann bat, mich zu heiraten. Ich will damit nicht etwa Barbara Ann die Schuld an meiner Spekulation mit dem Verbrechen geben, aber es ist nun einmal Tatsache, daß ich vor meinem Heiratsversprechen mit meiner Arbeit in der Tankstelle völlig zufrieden war.

Barbara Ann ist ohne Zweifel das süßeste, hübscheste kleine Mädchen, das ich je kannte, aber der eigentliche Grund für meinen Heiratsantrag war wohl, daß alles so schön bequem zueinander paßte. Wir lebten auf dem gleichen Stock, und weil ich nachts in der Tankstelle und sie tags in einem Büro in der Stadt arbeitete, begegneten wir uns immer wieder im Hausflur. Wenn ich mich nachts auf den Weg zur Arbeit machte, kam sie gerade von einer Verabredung oder aus dem Kino zurück, und wenn ich morgens nach Hause kam, machte sie sich auf den Weg in ihr Büro.

Schon bald begrüßten wir einander wie alte Freunde, kurz darauf gingen wir regelmäßig miteinander aus, und wieder etwas später wartete Barbara Ann morgens mit dem Frühstück und einem Gute-Nacht-Kuß auf mich.

Es ist aber so, daß ich die ganze Nacht über schwer arbeite, und wenn ich nach Hause komme, bin ich todmüde, und man sollte nicht alles, was ich sage, so wörtlich nehmen. Auf jeden Fall war es an einem solchen Morgen, bei starkem Kaffee und gezuckerten Krapfen, daß ich Barbara Ann bat, meine Frau zu werden. Sie sagte ja. Von dem Tag an konnte ich nicht mehr richtig schlafen, weil ich mir Sorgen darüber machte, wie ich wohl eine Frau ernähren sollte.

Und eine Woche später wurde die Tankstelle wieder überfallen.

Er kam um ungefähr halb drei Uhr morgens ins Büro. Er trug einen Trenchcoat mit hochgeschlagenem Kragen, wie man es immer in Hollywoodfilmen sieht. Der Hut war tief in die Stirn gezogen und die untere Gesichtshälfte wurde von einem Tuch bedeckt. Er blieb in der Tür stehen und starrte mich drohend an. Eine Hand steckte unheilverkündend in der Tasche seines Mantels.

»Okay, Mac. Das hier ist ein . . .«

»Ja ja, ich weiß. Drücken Sie den unteren linken Knopf der Kasse, um sie zu öffnen. Der Bankumschlag ist hinter den Ölbüchsen im zweiten Regal.«

Es war nicht der erste Überfall auf die Tankstelle. So etwas kam ungefähr jeden Monat einmal vor, und zwar immer zwischen zwei und vier Uhr morgens.

»So ist es brav, Mac«, sagte er und ging zur Kasse. »Wenn Sie schön mitarbeiten, passiert auch keinem was.«

»Sie haben da wirklich eine gute Verkleidung«, lobte ich. »Ich würde Sie auf keinen Fall wiedererkennen.«

»Danke. Einfach, aber wirkungsvoll, das ist meine Devise. Hey, was ist mit der Kasse los? Wollen Sie mich reinlegen?«

»Oh, Entschuldigung. Ich muß sie schon abgeschlossen haben. Tut mir leid. Drehen Sie den Schlüssel nach rechts, und dann drükken Sie den Knopf.«

Er tat es, und die Schublade sprang auf. Mit der freien Hand scheffelte er das Geld aus der Kasse und stopfte es in seine Tasche. Die andere Hand blieb weiterhin in der anderen Tasche. Etwas war drohend auf mich gerichtet.

»Sagen Sie mal, haben Sie wirklich eine Pistole in der Tasche?«

»Wie meinen Sie das? Natürlich ist es eine Pistole. Wenn Sie versuchen, mir krumm zu kommen, werden Sie es schon merken.«

»Oh, ich versuche gar nichts«, versicherte ich ihm. »Ich habe nur gefragt. Denn der Typ, der mich letzten Monat überfiel, hatte nur eine Spielzeugpistole. Und ein paar Monate davor war ein Überfall, wo der Kerl nur seine Hand in der Tasche hielt. Sonst nichts.«

»Ich habe auf jeden Fall eine richtige Pistole«, sagte er und zog sie ein Stück heraus, damit ich sie sehen konnte. Und dann ertönte so was wie ein Kichern hinter der Maske. »Ich habe zwar keine Patronen, aber kommen Sie trotzdem nicht auf dumme Gedanken. Wo, sagten Sie noch, ist der Bankumschlag?«

»Hinter den Ölbüchsen im zweiten Regal.«

Er nahm den Umschlag und steckte ihn zu dem anderen Geld in die Tasche. Dann ging er rückwärts zur Tür. »Okay, ich haue jetzt ab. Rufen Sie ja nicht die Polizei, bis . . .«

»Wollen Sie mir nicht sagen, wieviel Geld Sie mitnehmen?«

»Warum sollte ich?«

»Ich muß Steuern zahlen. Ich weiß, wieviel Geld im Umschlag ist, aber es wäre nett, wenn Sie das Geld aus der Kasse zählen könnten. Sie haben genug Zeit. In den nächsten Stunden kommt bestimmt niemand.«

Er murrte zwar vor sich hin, aber er suchte das lose Geld aus seiner Tasche zusammen und zählte es. »Dreiundsechzig Dollar«, sagte er dann. »Eine lausige Nacht.«

»Dreiundsechzig? Sind Sie sicher? Es müßte mehr sein.«

Er zählte noch einmal nach. »Dreiundsiebzig. Ich hab' einen Zehner übersehen. Trotzdem, eine lausige Nacht. Ich haue jetzt ab. Rufen Sie ja nicht die Polizei . . .«

»Es kostet bestimmt eine Menge Nerven, so einen Überfall zu machen.«

»Darauf können Sie Gift nehmen. Und man braucht Köpfchen.«

»Köpfchen? Wieso braucht man Köpfchen dazu, jemandem eine Pistole unter die Nase zu halten und zu sagen ›Hände hoch!‹ ?«

»Junge, Sie sind ganz schön naiv. Amateure! Glauben Sie wirklich, daß das alles ist? Dann lassen Sie sich von mir sagen, daß es schon ein bißchen komplizierter aussieht. Wenn man es professionell macht, muß man seinen eigenen Stil haben, einen *modus operandi*, wie die Bullen es nennen. Nehmen Sie mich zum Beispiel. Mein M.O. ist es, mir fünf oder sechs Tankstellen auszusuchen, die vielversprechend aussehen. Ich beobachte sie drei bis vier Wochen lang und arbeite einen genauen Plan aus. Wenn ich den habe, ziehe ich die ganze Sache, alle fünf oder sechs, in einer Nacht durch und verschwinde sofort aus der Stadt. Sauber, was? Aber man braucht Jahre, um seinen Stil zu vervollkommnen. Es ist nicht so einfach, wie Sie glauben.«

»Wahrscheinlich haben Sie recht. Es ist nicht so einfach.«

»Darauf können Sie Gift nehmen. Ich haue jetzt ab. Rufen Sie ja nicht . . .«

»Zu dumm. Ich werde nie dazu fähig sein, es allein zu machen.«

»Was zu machen?«

»Einen Überfall. Ich kenne ein Nest, das nur darauf wartet, ausgenommen zu werden. Aber ich habe nicht die Nerven dazu. Oder nicht genug Köpfchen, um es zu probieren.«

»Und was wissen Sie darüber? Sie glauben wahrscheinlich, daß eine Bank ideal ist, weil das Geld da in Massen herumliegt.«

»Etwa nicht?«

»Nein. Banken sind harte Nüsse. Wenn man eine Bank knacken will, braucht man einen einwandfreien Plan und jede Menge Ausrüstung.« Seine Stimme klang jetzt träumerisch. »Man muß alle Zeiten genau kennen und auf die Sekunde genau arbeiten. Man muß einer ganzen Anzahl von Typen beibringen, zur richtigen Zeit am richtigen Ort zu sein. Man muß den Fluchtweg schon vorher genau festlegen und ein gutes Versteck haben, wo man in aller Ruhe abwarten kann, bis Gras über die Sache gewachsen ist.« Er seufzte leise. »Eines Tages werde ich einc Bank überfallen, aber dazu brauche ich erst einmal einen Haufen Geld.«

»Was ich meine ist natürlich nicht so groß«, sagte ich. »Nur dreißigtausend Dollar im Schuhkarton einer alten Dame.«

»Eine alte Dame, was? Das gefällt mir gar nicht. Diese alten Damen können ganz schön schwierig sein.«

»Die hier nicht. Diese alte Dame ist meine Tante Rosemary. Sie hat eine Raststätte nicht weit vor der Stadt. Sie macht mindestens sieben bis acht Tausender die Woche, und sie geht nur einmal im Monat zur Bank. Die ganze übrige Zeit liegt das Geld einfach nur so herum. Aber es hat ja keinen Zweck, darüber zu reden. Ich habe nicht den Mut dazu, und das weiß ich auch ganz genau.«

Der Mann verließ seinen Platz an der Tür und setzte sich auf die Schreibtischkante.

»Einen Augenblick mal, Mac. Da kann man doch drüber reden. Vielleicht finden wir eine Lösung.«

»Es hat keinen Zweck. Ich habe Ihnen ja gesagt, daß ich nicht die Nerven dazu habe.«

»Nein. Aber ich.«

»Sie meinen, wir sollten zusammenarbeiten?«

»Ziehen Sie keine voreiligen Schlüsse«, warnte er. Dann richtete er durch die Manteltasche die ungeladene Pistole auf mich und sagte: »Und bewegen Sie sich nicht so schnell. Es macht mich kribbelig. Und jetzt sagen Sie mir, wissen Sie, an welchem Tag Ihre alte Tante zur Bank geht?«

»Sicher. Am ersten Werktag jedes Monats.«

»Und Sie kennen die Raststätte?«

»Wie meine Westentasche.«

»Also gut, dann können wir vielleicht – vielleicht, sage ich – doch zusammenarbeiten, um an das Geld ranzukommen.«

»Mann, das wäre toll. Ich hätte keine Angst, es mit jemanden zu machen, der Ahnung von so was hat. Ich kann nach zwei Uhr nachts jederzeit hier verschwinden. Wenn ich vor vier Uhr wieder zurück bin, merkt keiner was. Ein perfektes Alibi.«

»Mann, so was von Amateur. Das gibt's ja nicht«, sagte er angewidert. »Sie denken einfach nicht nach. In der Nacht, in der Sie sich hier wegschleichen, kommt garantiert jemand, der Sie sprechen will. Wenn ich die Sache mache, mache ich sie allein. Ich will keinen Amateur dabeihaben, der nur Schiß bekommt und die Sache platzen läßt.«

»Und was ist mit mir? Es war schließlich meine Idee.«

»Ich weiß. Und deshalb sind Sie auch mit dabei. Sie geben mir den Tip und den Lageplan des Gebäudes, das heißt, Sie machen einen Teil der Arbeit. Und dafür bekommen Sie auch einen Teil der Beute. Wo also ist die Raststätte?«

»Kurz vor der Stadt. Vielleicht fünfzehn Kilometer in Richtung – O nein, so nicht. So einfach ist es auch wieder nicht, mein Freund. Wenn Sie wissen, wo das Geld zu holen ist, brauchen Sie mich schließlich nicht mehr.«

»Sie trauen mir nicht, was? Und wie sollen wir zusammenarbeiten, wenn Sie mir nicht trauen?«

»Wer sagt denn, daß wir zusammenarbeiten müssen? Es ist schließlich meine Idee. Ich warte noch eine Zeitlang und mache es irgendwann selbst.«

»Pah, dazu haben Sie nicht den Mut. Haben Sie selbst gesagt. Sie brauchen jemanden wie mich, um die Sache durchzuführen.«

»Und Sie brauchen mich, weil ich weiß, wo die schwache Stelle ist. Aber wenn ich Ihnen die verrate, brauchen Sie mich nicht mehr. Sie werden sich das Geld schnappen und verschwinden.«

»Deshalb will niemand mit Amateuren zusammenarbeiten«, sagte er traurig. »Haben Sie noch nie den Ausdruck ›Ganovenehre‹ gehört? Wenn wir zusammenarbeiten, mache ich die Sache, komme sofort danach hierher und bringe Ihnen Ihren Anteil. Ist doch klar.«

»Klar. Bloß daß ich, wie Sie selbst gesagt haben, kein Ganove bin, noch nicht. Und bestimmt gilt dann die Ganovenehre nicht. Nein. Wir können uns nicht einigen. Ich traue Ihnen nicht. Wir wollen die ganze Sache lieber vergessen. Außer –«

»Außer was?«

»Außer Sie geben mir jetzt gleich meine Hälfte. Im voraus.«

»Was? Sie sind ja wohl nicht ganz bei Trost!« schrie er mich an. »Was glauben Sie denn? Glauben Sie, ich überfalle die Tankstelle nur so zum Spaß? Wo soll ich denn soviel Geld herholen?«

»Da haben Sie auch wieder recht. Wir vergessen die Sache lieber. Wir können anscheinend keinen Weg finden, und ich brauche das Geld zu dringend, um Sie allein damit verschwinden zu lassen.«

Er lief ein paar Minuten lang im Büro auf und ab und starrte mich böse an. Dann war seine Wut verraucht.

»Sie brauchen das Geld sehr dringend, was?« fragte er.

»Ja. Ich will heiraten.«

»Gut. Und ich will die Sache machen, weil mein Anteil vielleicht so groß ist, daß ich es mir erlauben kann, die Bank zu überfallen, von der ich Ihnen erzählt habe. Aber so kriegt keiner von uns etwas. Sie können es nicht allein machen, weil Sie weder die Nerven noch das Know-how haben, und ich kann es nicht machen, weil ich nicht weiß, wo es ist.«

»Was wollen wir also tun? Sie wollen nicht, daß ich bei der Sache dabei bin, und ich werde Ihnen ganz sicher nicht Informationen geben, die ich später vielleicht einmal selbst verwerten könnte.«

»Ich glaube, ich hab's. Sie verkaufen mir die Information einfach.«

»Verkaufen?«

»Klar. Sie verkaufen mir die Informationen über die Raststätte. Soviel Sie wissen. So schlagen Sie wenigstens ein bißchen Geld aus der Sache. Ich schaue mir die Raststätte dann später an, und wenn alles gut aussieht, drehe ich das Ding. Falls nicht, halte ich mich eben wieder an die Tankstellen. Auf die Art trage ich das Risiko allein. Sie kriegen Ihr Geld jetzt bar auf die Hand. Das ist Ihnen sicher. Aber ich gehe das Risiko ein, daß sich die Sache doch nicht machen läßt. Und ich sage Ihnen noch was. Falls so viel zu holen ist, wie Sie sagen, garantiere ich Ihnen sogar einen Prozentsatz. Das ist doch ein faires Angebot, oder?«

»Nun ...«

Während ich noch zögerte, wühlte er in seinen Taschen und warf ganze Hände voll zerknitterter Banknoten auf den Schreibtisch.

»Tut mir leid«, sagte er entschuldigend. »Das ist alles, was ich habe. Das hier war die vierte Tankstelle auf meiner Liste für heute nacht. Ich hatte noch keine Zeit nachzuzählen.«

Er riß ein paar Bankumschläge auf, die fast genauso aussahen wie der, den er mir abgenommen hatte, ordnete die Scheine nach ihrem Wert und zählte sie. Es waren etwas über fünfhundert Dollar.

»So viel kann ich Ihnen geben«, sagte er schließlich. »Wie ist es? Denken Sie daran: Eine Idee, die Sie nicht in die Tat umsetzen können, hat für Sie gar keinen Wert.«

Beim Anblick von all dem Geld, das neben der Kasse sauber aufgestapelt war, kapitulierte ich. Ich sagte ihm, wo Tante Rosemarys Raststätte liegt, zeichnete ihm einen Grundriß und sagte ihm, zu welchen Zeiten dort kaum Betrieb herrschte. Er hatte, was er wollte, und war schon an der Tür, als ich ihn noch einmal zurückhielt.

»Und was ist mit dem Geld von hier?« fragte ich.

»O ja. Das hätte ich ja beinahe vergessen. Jetzt, wo wir Partner sind, kann ich Sie ja nicht gut überfallen. Ganovenehre und so.« Er legte das Geld aus der Kasse und den Bankumschlag neben die Kasse. Dann hob er grüßend die Hand und sagte: »Bis bald, Mac. Ich komme Ende der Woche vorbei und erzähle Ihnen, wie es gelaufen ist.«

Er kam weder am Ende der nächsten, noch der übernächsten Woche.

Barbara Ann und ich mieteten von einem Teil der fünfhundert Dollar eine Hütte an einem See und verbrachten dort unsere Flitterwochen. Ich angelte viel und hatte ziemliches Glück dabei. Als wir wieder in der Stadt waren, mieteten wir eine neue Wohnung und hatten noch genug Geld übrig, eine Anzahlung auf die Möbel zu leisten, die sie sich wünschte.

Was ich meinem Partner zu erzählen vergaß ist folgendes: Tante Rosemary ist Witwe. Ihr Mann war Polizist, und seit Jahr und Tag verpflegt sie sämtliche Polizisten der ganzen Umgebung. Im Hinterzimmer sitzen immer, zu jeder Tages- und Nachtzeit, ein paar von

Ihnen herum und lassen sich ein kostenloses Essen schmecken.

Aber das wird er wohl so oder so herausgefunden haben.

Für mich hat sich nicht viel verändert. Ich arbeite immer noch nachts in der Tankstelle und verdiene genauso wenig wie eh und je. Nur habe ich jetzt eine Frau zu versorgen, und Barbara Ann mußte ihren Job aufgeben, weil ein Baby unterwegs ist.

Gerade kommt jemand zur Tür herein. Sie müssen mich also einen Augenblick entschuldigen.

Es geht schon wieder los.

»Okay, Mac. Dies ist ein . . .«

»Ja ja, ich weiß. Drücken Sie den unteren linken Knopf an der Kasse. Der Bankumschlag ist hinter den Ölbüchsen im zweiten Regal. Ich muß sagen, Sie haben da eine wirklich tolle Verkleidung.«

Originaltitel: PITTER-PATTER. 3/67

Jonathan Craig

Das Ungeheuer

Sein Haß auf den Mann auf dem Zeitungsfoto war so groß, daß das strenge, kantig geschnittene Gesicht einen Augenblick lang vor seinen Augen verschwamm, als sei es hinter einem bleichen, rosafarbenen Nebel verborgen. Er schloß die Augen, preßte die Lider fest zusammen, zwang sich dazu, die Wut zu bändigen, die ihn mit solcher Gewalt packte, daß sich seine Hände schmerzhaft in die Zeitung krampften. Als er die Augen wieder öffnete, sah er auf das Gruppenbild neben dem Foto des Mannes. Auf die liebevoll lächelnde Frau und die beiden hübschen Kinder rechts und links von ihr. Dann verschwamm auch dieses Bild – hinter einer Wand von Tränen.

Hinter sich hörte er Mrs. Coreys schwerfällige Schritte. Er legte die Zeitung auf den Tisch, glättete sie und schob sie mit unwillkürlicher Präzision so, daß der Rand der Zeitung mit der Tischkante abschloß.

Mrs. Corey stand jetzt neben ihm. Ihr flaches, gerötetes Gesicht zeigte einen besorgten Ausdruck. »Sie haben Ihr Frühstück ja nicht einmal angerührt, Sir«, sagte sie. »Überhaupt haben Sie nicht mehr richtig gegessen, seit . . .«

»Mrs. Corey«, unterbrach er sie, schwieg dann aber wieder.

»Ja, Sir?« Sie hatte, dachte sie, ihn in all den vielen Jahren, in denen Sie nun schon in diesem Haus arbeitete, nie anders als mit »Sir« angeredet. Wenn sie vor anderen von ihm sprach, bezeichnete sie ihn als »Mister«.

»Mrs. Corey«, sagte er. »Sehen Sie sich den Mann auf dem Foto hier an. Was sehen Sie?«

»Sehen, Sir?«

»Ja, sehen. Die Überschrift sagt, daß es sich um Richter Arthur G. Harrington handelt. Den *ehrenwerten* Arthur G. Harrington. Im Artikel über die Morde, die er begangen hat, sagt man, er werde überall respektiert und verehrt, er sei engagiert, und noch eine ganze Menge anderer schöner Dinge. Sehen Sie das auch, wenn Sie das Foto betrachten? Einen ehrenwerten, geachteten und engagierten

Diener des Gesetzes?«

»Sir, ich – ich weiß nicht, was Sie meinen.«

»Ich kann Ihnen sagen, was Sie sehen. Sie sehen dort einen kaltblütigen Mörder, Mrs. Corey. Sie sehen ein Ungeheuer, das eine Frau und ihre zwei Kinder umgebracht hat. Das sehen Sie.« Er ballte die linke Hand zur Faust und schlug damit auf das Gesicht des Mannes auf dem Bild. »Er brachte sie um, genauso als hätte er sie mit einer Axt zerstückelt.«

Mrs. Corey trat unbehaglich von einem Fuß auf den anderen. »Es – es war ein Unfall«, sagte sie.

»Unfall? Ein Mann betrinkt sich und verursacht ein Chaos, in dem drei Menschen umkommen – und das soll ein Unfall sein?«

»Die Zeitungen sagen aber nicht, daß ...«

»Nein, die Zeitungen sagen nicht, daß er betrunken war. O ja, ich weiß, die Zeitungen bringen nur Tatsachen. Aber sie bringen nicht *alle*, Mrs. Corey.«

»Sie sollten versuchen, etwas zu essen, Sir. Ich werde schnell ...«

»Meine Frau ist tot, Mrs. Corey. Meine Kinder sind tot. Noch vor zehn Tagen war dieses Haus voller Leben, voller Glück und Staunen und Schönheit und – Liebe. Nur wegen ihnen.« Er merkte, daß seine Augen sich wieder mit Tränen füllten. »Ihr Mörder verdient den Tod, Mrs. Corey. Er verdient es zu sterben. Und er wird sterben.«

»Sie müssen aufhören, sich selbst zu quälen, Sir.« Mrs. Corey zupfte nervös an den Falten ihres Rockes. »Sie essen nicht richtig, und Sie schlafen kaum, und Sie ...«

»Heute morgen«, sagte er und stand auf. »Heute morgen, Mrs. Corey. Ich werde nicht mehr länger warten.«

»Wie bitte, Sir?«

»Ich werde ihn töten«, sagte er. »Ich werde den Mörder meiner Frau und meiner Kinder vernichten. Heute morgen, Mrs. Corey – in weniger als einer Stunde.«

Mrs. Coreys Augen weiteten sich vor Angst. »Sir?« fragte sie unsicher. »Das können Sie doch nicht wirklich meinen, Sir.«

Er lächelte sie an und wußte, daß dieses Lächeln gespenstisch wirken mußte. »Haben Sie jemals erlebt, daß ich gesagt habe, ich würde etwas tun, und es dann doch nicht getan habe?«

»Nein, Sir, aber . . .«

Er drehte sich um und ging zur Tür. »Leben Sie wohl, Mrs. Corey.«

Als er die Stufen hinunterstieg, fuhr gerade ein Taxi vorbei. Er hielt es an.

»Bringen Sie mich zum nächsten Sportgeschäft«, sagte er dem Fahrer.

»Das wäre Donovan«, sagte der Fahrer. »Ecke Woodland und Ninth Avenue.«

Während das Taxi draußen wartete, erstand der Mann im Sportgeschäft Donovan einen 38er Revolver und eine Schachtel Munition. Unter den verblüfften Blicken des Verkäufers steckte er sechs Patronen in die Kammer des Revolvers und legte die Schachtel mit der restlichen Munition wieder auf die Theke.

»Die brauche ich nicht«, sagte er.

»Aber, Sir . . .« fing der Verkäufer an.

»Danke für Ihre Hilfe. Auf Wiedersehen«, sagte er. Er schloß die Tür hinter sich.

Im Taxi lehnte er sich im Sitz zurück und streichelte mit den Fingerspitzen das kalte Metall des Revolvers in seiner Jackentasche. »Bringen Sie mich zum Gerichtsgebäude«, sagte er.

Ja, dachte er, das Gerichtsgebäude. Der düstere, graue Granitklotz, in dem der Diener des Gesetzes, der Mörder von Frauen und Kindern, so viele andere Menschen zum Tod verurteilt hatte. Es war nur richtig, daß seine eigene Hinrichtung dort stattfinden sollte. Darin lag eine gewisse Gerechtigkeit. Es war unvorstellbar, daß Arthur G. Harrington irgendwo anders starb als in seinem eigenen Gerichtssaal.

»Schöner Tag, was?« sagte der Fahrer. »Einfach herrlich.«

»Ja«, sagte er. »Herrlich.« An genau so einem Tag waren seine Frau und seine Kinder gestorben. Und jetzt fuhr das Taxi durch den Park, wohin Margaret immer mit Billy und Bonnie gegangen war, als die Zwillinge noch klein waren. Und ein oder zwei Blocks weiter die Straße hinunter waren die Geschäfte, in denen Margaret immer so gern eingekauft hatte. Und da vorn war die Schule, die die Zwillinge ab nächsten September besucht hätten.

»Wir sind da«, sagte der Fahrer und hielt am Straßenrand an.

»Das macht einen Dollar zehn.«

Der Mann zahlte, stieg die breiten Steinstufen zum Bronzeportal hinauf und betrat das Gerichtsgebäude. Von diesem Augenblick an sah er niemanden mehr, gab keine Antwort, wenn er angesprochen wurde. Mit halbem Ohr hörte er die erstaunten Bemerkungen, das neugierige Geflüster, das ihm folgte, aber er hielt die Augen unbeirrt geradeaus gerichtet und ging mit weit ausholenden Schritten auf die Doppeltüren am Ende des Ganges zu – den Gerichtssaal des ehrenwerten Richters Arthur G. Harrington.

Die massiven Türen hallten gespenstisch in dem leeren Gerichtssaal, als er sie hinter sich zuwarf und durch den Gang auf die Richterbank zueilte. Als er dort ankam, wandte er sich nach rechts; dann, zehn Schritte weiter, bog er nach links ab und ging zur Tür des Raumes, der direkt hinter der Richterbank lag: Richter Harringtons Beratungszimmer.

Er blieb einen Augenblick lang mit der Hand auf dem Türgriff stehen. Die andere Hand umklammerte den Revolver in seiner Tasche.

Dann betrat er den Raum, setzte sich in den Ledersessel hinter dem Schreibtisch, preßte die Mündung des Revolvers gegen die rechte Schläfe und drückte ab.

Originaltitel: THE MAN MUST DIE. 3/67

Lawrence Block

Selbstmord auf Raten

Der Polizist sah zwar, wie der Wagen auf der Brücke anhielt, aber er schenkte ihm weiter keine Beachtung. Es kam oft vor, daß jemand auf der Mitte der Brücke, unter dem höchsten Punkt des Bogens an den Bordstein fuhr, vor allem nachts, wenn nur noch wenig Verkehr herrschte und man einen Augenblick lang anhalten konnte, ohne daß einen gleich jemand wütend anhupte. Die Stahlkonstruktion der Brücke schwang sich in einem anmutigen Bogen über den Fluß, der die Stadt in zwei Hälften teilte, und von ihr aus hatte man den besten Blick auf die alten Wohnhäuser, die sich am rechten Ufer eng aneinander schmiegten, die Getreidemühlen weiter unten am linken Ufer, die sanfte Skyline und die Möwen, die über dem Fluß tanzten. Die Brücke war der beste Ort, um all das zu sehen. Sie war nicht einsam genug für die Teenager, die Dauerparkplätze bevorzugten und sich lieber an Autokinos oder die Straßen am Nordufer hielten, aber oft genug hielten Touristen an, genossen ein paar Augenblicke lang die herrliche Aussicht und fuhren dann weiter.

Auch Selbstmörder hatten eine Vorliebe für die Brücke.

Im ersten Augenblick dachte der Polizist nicht an diese Möglichkeit, aber dann sah er, wie der Mann aus dem Auto stieg, langsam zum Fußgängerweg am Rand ging und die Hand auf das Eisengeländer legte. Es lag etwas Seltsames in seinem Gang und seiner Haltung, wie er in der Dunkelheit nach Mitternacht einsam auf der verlassenen Brücke stand. Und etwas Merkwürdiges lag auch in dieser grauen Nacht und dem Nebel, der über dem Fluß aufstieg. Der Polizist schaute zu dem Mann hin, fluchte und fragte sich, ob er es rechtzeitig schaffen würde.

Er ging auf den Mann zu. Er wollte nicht rufen oder pfeifen, weil er genau wußte, wie ein potentieller Springer auf Überraschung und Schock reagieren konnte. Einmal sah er, wie die Hand des Mannes sich fester um das Geländer klammerte, er sich auf die Zehenspitzen stellte und in die Knie ging. In dem Augenblick hätte er fast geschrien, wäre er fast losgerannt, aber dann lockerte sich der Griff der Hand, der Mann richtete sich wieder auf, griff in seine Tasche und zündete sich eine Zigarette an. Da wußte der Polizist, daß er noch Zeit hatte. Sie rauchten die letzte Zigarette immer ganz zu Ende, bevor sie über das Geländer sprangen.

Als der Polizist nur noch wenige Meter von dem Mann entfernt war, drehte dieser sich plötzlich um, zuckte leicht zusammen und nickte dann resigniert. Er war ungefähr Mitte Dreißig, groß und schlank und hatte ein langes, schmales Gesicht mit tiefliegenden Augen, die von schweren, schwarzen Augenbrauen überschattet waren.

»Schöne Nacht«, sagte der Polizist.

»Ja.«

»Schauen Sie sich die Aussicht an?«

»Ja.«

»Ich habe Sie hier draußen gesehen und gedacht, ich gehe mal rüber und rede ein bißchen mit Ihnen. Zu dieser Nachtzeit fühle ich mich oft einsam.« Der Polizist klopfte suchend auf seine Taschen. »Sagen Sie, hätten Sie nicht zufällig eine Zigarette für mich übrig? Meine sind mir anscheinend ausgegangen.« Dabei steckte eine volle Packung in seiner Tasche.

Der Mann gab ihm eine Filterzigarette. Normalerweise rauchte der Polizist ohne, aber dies war wohl nicht der richtige Zeitpunkt, wählerisch zu sein. Er dankte dem Mann, ließ sich von ihm Feuer geben, dankte ihm noch einmal und blieb neben ihm stehen, die Hände auf das Geländer gestützt. Er beugte sich vor und sah auf die Stadt und den Fluß.

»Sieht schön aus von hier«, bemerkte er.

»Ja?«

»Klar. Wenn man so hier steht, fühlt man sich im Frieden mit sich selbst.«

»Diese Wirkung hat es auf mich nicht«, sagte der Mann. »Ich habe mehr darüber nachgedacht, wie man, hmm, Frieden finden kann.«

»Wahrscheinlich ist der beste Weg, einfach weiterzumachen«, sagte der Polizist. »Früher oder später lösen sich die meisten Probleme von selbst. Manchmal dauert es eine Weile, und ich gebe ja zu, daß die Dinge manchmal ganz schön mies aussehen, aber irgendwann geht es dann doch weiter.«

»Glauben Sie das wirklich?«

»Sicher.«

»Trotz allem, was Sie bei Ihrer Arbeit zu sehen bekommen?«

»Trotz allem«, sagte der Polizist. »Es ist eine harte Welt, aber das ist ja nichts Neues. Und es ist die beste, die wir haben. Ganz sicher werden Sie auf dem Grund des Flusses keine bessere finden.«

Der Mann schwieg lange. Dann schnippte er seine Zigarette über das Geländer. Er und der Polizist sahen zu, wie sie rotglühend und funkensprühend in die Tiefe fiel und hörten das leise Zischen, mit dem sie im Wasser landete.

»Hat ja keinen großen Aufprall gegeben«, sagte der Mann.

»Nein.«

Nach einer Weile drehte der Mann sich zu dem Polizisten um. »Mein Name ist Edward Wright«, sagte er. Der Polizist stellte sich ebenfalls vor. »Ich glaube nicht, daß ich es heute nacht getan hätte«, fuhr der Mann fort. »Nicht heute nacht.«

»Hat keinen Sinn, ein Risiko einzugehen, was?«

»Nein, wahrscheinlich nicht.«

»Aber Sie gehen ein Risiko ein. Sie kommen hierher, stehen am Geländer, starren in den Fluß und denken darüber nach. Jeder, der das lange genug macht, wird früher oder später nervös und springt. Eigentlich will er das gar nicht. Und bereut es, lange bevor er auf dem Wasser aufschlägt. Aber dann ist es zu spät. Es ist für ihn vorbei. Wenn man das Schicksal zu lange herausfordert, schlägt es irgendwann zu.«

»Wahrscheinlich haben Sie recht.«

»Ist es etwas Bestimmtes, was Ihnen solche Sorgen macht?«

»Nichts – nichts Außergewöhnliches.«

»Waren Sie schon beim Arzt?«

»Dauernd.«

»Es hilft manchmal.«

»Das sagt man zumindest.«

»Hätten Sie Lust auf eine Tasse Kaffee?«

Der Mann öffnete den Mund, als wolle er etwas sagen, aber dann änderte er seine Absicht. Er zündete sich eine neue Zigarette an, blies den Rauch aus und sah zu, wie der Wind ihn fortwehte. »Ich bin jetzt wieder in Ordnung«, sagte er.

»Bestimmt?«

»Bestimmt. Ich werde nach Hause gehen und schlafen. Ich habe nicht viel geschlafen, seit meine Frau . . .«

»Oh«, sagte der Polizist.

»Sie ist tot. Sie war alles, was ich hatte. Und jetzt, jetzt ist sie tot.«

Der Polizist legte ihm die Hand auf die Schulter. »Sie werden darüber hinwegkommen, Mr. Wright. Sie dürfen nur nicht aufgeben. Geben Sie nicht auf, und dann wird es schon weitergehen. Vielleicht denken Sie jetzt, daß Sie es nicht aushalten können, daß nichts mehr so sein wird wie früher. Aber . . .«

»Ich weiß.«

»Sind Sie sicher, daß Sie nicht doch eine Tasse Kaffee wollen?«

»Nein. Ich gehe lieber nach Hause«, sagte der Mann. »Tut mir leid, daß ich Ihnen Ärger gemacht habe. Ich versuche, mich zusammenzureißen. Es wird schon klappen.«

Der Polizist beobachtete, wie der Mann wegfuhr, und fragte sich, ob er ihn nicht hätte mitnehmen sollen. Hätte aber keinen Zweck gehabt, entschied er dann. Man wurde ja schon verrückt dabei, wenn man jeden Selbstmordversuch verhindern wollte, und der Mann von eben hatte noch nicht einmal etwas versucht. Er hatte nur darüber nachgedacht. Und wenn man damit anfangen wollte, jeden einzusammeln, der an Selbstmord dachte, dann hätte man wirklich alle Hände voll zu tun.

Er ging über die Brücke zurück. Als er seinen Posten wieder erreichte, beschloß er, sich zumindest eine Notiz zu machen. Er nahm Block und Stift und schrieb den Namen des Mannes nieder. *Edward Wright.* Damit er sich später daran erinnern würde, was der Name zu bedeuten hatte, fügte er hinzu: *Buschige Augenbrauen, Frau tot, denkt an Selbstmord.*

Der Psychiater strich sich über den Spitzbart und sah hinüber zu dem Patienten auf der Couch. Die Bedeutung von Bart und Couch lag, wie er seiner Frau schon so oft erklärt hatte, darin, daß sie seinen Patienten dabei halfen, ihn als Funktion dieser äußeren Symbole zu sehen und nicht als Individuum, was die Kommunikation erleichterte. Seine Frau haßte den Bart und war fest davon überzeugt, er benutze die Couch zu amourösen Abenteuern. Das stimmte. Er und seine dralle blonde Sprechstundenhilfe hatten einige Male die Couch gemeinsam belagert. Es waren denkwürdige Gelegenheiten gewesen, gab er zu, schloß die Augen und dachte genüßlich daran, auf welch herrliche Art und Weise er und Hannah sich durch Krafft-Ebing durchgearbeitet hatten, Seite um Seite.

Widerwillig richtete er seine Gedanken wieder auf den Patienten. »... ist nicht mehr lebenswert«, sagte der Mann. »Ich schleppe mich nur noch Tag um Tag durchs Leben.«

»Wir alle leben unser Leben Tag für Tag«, kommentierte der Psychiater.

»Aber ist es immer eine Qual?«

»Nein, das ist es nicht.«

»Ich habe letzte Nacht fast Selbstmord begangen. Nein, vorletzte Nacht. Ich wäre fast von der Morissey-Brücke gesprungen.«

»Und?«

»Ein Polizist kam vorbei. Ich wäre aber sowieso nicht gesprungen.«

»Warum nicht?«

»Ich weiß nicht.«

Das Spiel ging weiter, der endlose Dialog zwischen Arzt und Patient. Manchmal verging eine ganze Stunde, ohne daß der Arzt auch nur einen Augenblick lang nachgedacht hätte. Er antwortete automatisch, reagierte wie er es immer tat und hörte doch nichts von dem, was man ihm erzählte. Ich frage mich, dachte er, ob ich diesen Menschen überhaupt helfen kann. Vielleicht wollen sie einfach nur reden und brauchen nur die Illusion eines Zuhörers. Vielleicht ist der ganze Beruf nur ein intellektuelles Vertrauensspiel. Wenn ich Geistlicher wäre, dachte er sehnsüchtig, könnte ich zu meinem Bischof gehen, wenn mich Glaubenszweifel quälen. Aber für Psychiater gibt es keinen Bischof. Das ist das einzig dumme an diesem Beruf. Das Fehlen einer ordentlichen Hierarchie. Absolutistische Religionen konnten nicht so demokratisch organisiert sein.

Als nächstes hörte er einem Traum zu. Fast all seine Patienten brannten darauf, ihm ihre Träume zu erzählen, eine Quelle nicht enden wollender Frustration für den Psychiater, der sich nicht daran erinnern konnte, jemals im Leben geträumt zu haben. Von Zeit zu Zeit dachte er sogar, es sei alles ein riesiger Trick, es gäbe gar keine

Träume. Er hörte diesem Traum mit akademischem Interesse zu und schaute dabei ab und zu auf die Uhr. Er wünschte sich, die fünfzigminütige Sitzung sei endlich vorbei. Der Traum, das wußte er, deutete auf ein schwindendes Lebensinteresse hin, auf eine wachsende Todessehnsucht und auf Selbstmordwünsche, die nur durch moralische Bedenken und Angst unter Kontrolle gehalten wurden. Er fragte sich, wie lange dieser Patient wohl noch dem Wunsch widerstehen konnte, sich das Leben zu nehmen. In den drei Wochen, in denen er regelmäßig zur Behandlung gekommen war, schien er nur negative Fortschritte gemacht zu haben.

Noch ein Traum. Der Psychiater schloß die Augen, seufzte und hörte nicht mehr zu. Nur noch fünf Minuten, sagte er sich. Noch fünf Minuten, dann würde dieser Idiot gehen, und vielleicht konnte er die dralle blonde Hannah dazu bringen, weiter mit ihm zu experimentieren. Er hatte doch erst neulich etwas ganz Köstliches gelesen.

Der Arzt sah auf den Mann mit den buschigen Augenbrauen, den tiefliegenden Augen und dem verängstigten, schuldbewußten Gesichtsausdruck. »Sie müssen mir den Magen auspumpen, Doktor«, sagte er. »Können Sie es hier machen, oder müssen wir in ein Krankenhaus?«

»Was ist los mit Ihnen?«

»Tabletten.«

»Was für Tabletten? Schlaftabletten?«

»Ja.«

»Welche? Und wie viele haben Sie genommen?«

Der Mann nannte den Namen des Medikaments und sagte, er habe zwanzig geschluckt. »Zehn sind eine tödliche Dosis«, sagte der Arzt. »Wann haben Sie sie genommen?«

»Vor einer halben Stunde. Nein, weniger. Vielleicht zwanzig Minuten.«

»Und dann haben Sie beschlossen, sich doch nicht wie ein gottverdammter Idiot zu benehmen, was? Sie sind noch nicht eingeschlafen, oder? Zwanzig Minuten. Warum haben Sie so lange gewartet?«

»Ich habe versucht, sie wieder zu erbrechen.«

»Hat nicht geklappt, was? Also gut. Dann müssen wir pumpen.«

Es war nicht gerade eine angenehme Arbeit, die Pumpe einsetzen zu müssen, dachte der Arzt. Und noch weniger angenehm war es, den Mageninhalt zu untersuchen. Wie der Arzt feststellte, war die Sache noch nicht gefährlich gewesen. Die Tabletten waren noch kaum vom Blut aufgenommen worden.

»Sie werden es überleben«, sagte er schließlich.

»Danke, Doktor.«

»Danken Sie mir nicht. Ich muß die Sache melden, das wissen Sie ja.«

»Es wäre mir lieber, wenn Sie es nicht melden würden. Ich ... ich bin in psychiatrischer Behandlung. Es war eigentlich mehr ein Unfall als sonst was.«

»Zwanzig Tabletten?« Der Arzt zuckte mit den Schultern. »Sie bezahlen besser jetzt gleich«, sagte er dann. »Ich schicke nicht gern Rechnungen an potentielle Selbstmörder. Das ist mir zu riskant.«

»Das ist für den Preis ein sehr gutes Gewehr«, sagte der Verkäufer. »Aber falls Sie etwas mehr anlegen wollen, kann ich Ihnen eine Waffe mit größerer Reichweite und Treffsicherheit anbieten.«

»Nein, danke. Die hier genügt mir. Und ich brauche noch eine Schachtel Munition.«

Der Verkäufer legte die Schachtel auf die Theke. »Oder drei Schachteln für nur ...«

»Nein. Nur die eine.«

»Sicher«, sagte der Verkäufer. Er zog ein dickes Heft unter der Theke hervor. »Sie müssen hier unterschreiben«, sagte er. »Damit der Staat zufrieden ist.« Er betrachtete die Unterschrift. »Und jetzt müßte ich noch Ihren Ausweis sehen, Mr. Wright. Auch ein Führerschein würde mir genügen.« Er überprüfte den Führerschein, verglich die Unterschriften, notierte die Nummer und nickte dann zufrieden.

»Danke«, sagte der Mann, als er das Wechselgeld einsteckte. »Vielen Dank.«

»Ich danke Ihnen, Mr. Wright. Ich bin sicher, daß Ihnen das Gewehr gute Dienste leisten wird.«

»Da bin ich auch sicher.«

Um neun Uhr abends klingelte es bei Edward Wright an der Hintertür. Er stieg mit dem Glas in der Hand die Treppe hinunter, trank es aus und ging zur Tür. Er war groß, hatte tiefliegende Augen, die von dichten, schwarzen Augenbrauen überschattet wurden. Er sah durch die Glastür, erkannte seinen Besucher, zögerte kurz und öffnete dann die Tür.

Der Besucher zielte mit dem Gewehr auf Edward Wrights Magen.

»Mark . . .«

»Willst du mich nicht hineinbitten?« fragte der Mann. »Es ist kalt hier draußen.«

»Mark, ich . . .«

»Drinnen.«

Im Wohnzimmer starrte Edward Wright in die Mündung des Gewehrs und wußte, daß er sterben würde.

»Du hast sie umgebracht, Ed«, sagte der Besucher. »Sie wollte die Scheidung. Und das konntest du nicht ertragen. Ich habe ihr gesagt, daß sie es dir nicht erzählen soll. Ich habe ihr gesagt, daß du gefährlich bist, daß du nur ein Tier bist. Ich habe ihr gesagt, sie soll einfach mit mir durchbrennen und dich vergessen, aber sie wollte anständig zu dir sein. Und dann hast du sie umgebracht.«

»Du bist ja verrückt.«

»Du hast die Sache gut gemacht, nicht wahr? Hast es so eingefädelt, daß es wie ein Unfall aussah. Wie hast du das fertiggebracht? Los, sag's mir. Oder das Gewehr geht los.«

»Ich habe sie niedergeschlagen.«

»Niedergeschlagen? Und dann war sie tot? Einfach so?«

Wright schluckte. Er schaute auf das Gewehr und dann auf den Mann. »Ich habe ein paarmal zugeschlagen. Oft. Dann habe ich sie die Kellertreppe hinuntergeworfen. Aber damit kannst du nicht zur Polizei gehen. Das weißt du doch. Sie können es nicht beweisen. Und sie würden es auch nicht glauben.«

»Ich habe auch nicht vor, zur Polizei zu gehen«, sagte der Mann. »Das hätte ich schon früher tun können. Sie konnten kein Motiv finden, nicht wahr? Ich hätte ihnen zwar ein Motiv nennen können, Ed, aber ich habe es nicht getan. Setz dich an den Schreibtisch, Edward. So ist's recht. Nimm ein Blatt Papier. Du machst besser genau das, was ich dir sage, Edward. Ich will, daß du etwas schreibst.«

»Du kannst doch nicht ...«

»Schreib: ›Ich halte es nicht mehr aus. Dieses Mal wird es klappen.‹ Und dann unterschreibst du.«

»Das tue ich nicht.«

»O doch, Edward.« Er drückte das Gewehr gegen Edward Wrights zitternden Kopf.

»Das würdest du doch nicht tun«, sagte Wright.

»O doch.«

»Dafür wirst du hängen, Mark. Du kommst nie durch damit.«

»Selbstmord, Edward.«

»Keiner wird glauben, daß ich Selbstmord begangen habe. Ob mit oder ohne Abschiedsbrief. Man wird es einfach nicht glauben.«

»Schreib, was ich dir gesagt habe, Edward. Dann gebe ich dir das Gewehr und überlasse dich deinem Gewissen. Ich weiß, was du tun wirst.«

»Du ...«

»Schreib, Edward. Ich will dich nicht umbringen. Ich will nur, daß du den Zettel schreibst. Dann lasse ich dich allein.«

Wright glaubte ihm zwar nicht ganz, aber das Gewehr, das immer noch auf seinen Hinterkopf gerichtet war, ließ ihm kaum eine andere Wahl. Er schrieb den Zettel und unterzeichnete mit seinem Namen.

»Dreh dich um, Edward.«

Er drehte sich um und erstarrte. Der Mann sah jetzt ganz anders aus. Er hatte sich falsche Augenbrauen angeklebt und eine Perücke aufgesetzt, und er hatte sich irgendwie die Augen geschminkt.

»Weißt du, wem ich jetzt gleiche, Edward?«

»Nein.«

»Ich sehe aus wie *du*, Edward. Die Ähnlichkeit ist natürlich nicht so groß, daß ich jemand täuschen könnte, der dich genau kennt, aber wir haben beide ungefähr die gleiche Statur. Dann noch deine charakteristischen Merkmale – die Augenbrauen, das Haar, die tiefliegenden Augen. Stell dir all das an einem Mann vor, der sich Edward Wright nennt und sich so ausweist, und was hast du dann? Du hast eine gute Imitation von dir, Edward.«

»Hast du dich als mich ausgegeben?«

»Ja, Edward.«

»Aber warum?«

»Charakteraufbau«, sagte der Mann. »Du hast mir gerade gesagt, daß du kein selbstmörderisch veranlagter Typ bist, daß niemand glauben wird, daß du dich selbst umbringen könntest. Aber du würdest erstaunt sein, wenn du wüßtest, was du in letzter Zeit alles gemacht hast, Edward. Es gibt einen Polizisten, der dir ausgeredet hat, von der Morissey-Brücke zu springen. Es gibt einen Psychiater, der dich wegen selbstmörderischer Depressionen behandelt, komplett mit allen klassischen Träumen und Vorstellungen. Und es gibt den Arzt, der dir heute nachmittag den Magen ausgepumpt hat.« Er kitzelte Edwards Bauch mit dem Gewehr.

»Mein Magen –«

»Ja, deinen Magen. Eine höchst unerfreuliche Prozedur, Edward. Ich habe wegen dir ganz schön was durchgemacht. Die reinste Quälerei. Ich habe mir Sorgen gemacht, daß meine Perücke bei der Tortur verrutschen könnte, aber diese neuen Dinger sind wirklich ausgezeichnet. Sie sagen, daß man damit sogar schwimmen oder duschen kann.« Er rieb mit dem Zeigefinger über eine seiner Augenbrauen. »Siehst du, es hält. Und ist sehr wirklichkeitsecht. Meinst du nicht auch?«

Edward sagte nichts.

»All die Dinge, die du gemacht hast, Edward. Komisch, daß du dich nicht mehr daran erinnern kannst. Weißt du noch, daß du dieses Gewehr hier gekauft hast?«

»Ich . . .«

»Hast du aber. Vor kaum einer Stunde bist du in ein Geschäft gegangen und hast dieses Gewehr und eine Schachtel Munition gekauft. Du mußtest unterschreiben. Und deinen Führerschein vorzeigen.«

»Wie bist du an meinen Führerschein gekommen?«

»Bin ich nicht. Ich habe ihn gefälscht.« Der Mann lachte leise. »Man könnte damit zwar keinen Polizisten täuschen, aber ich habe ihn auch keinem Polizisten gezeigt. Und der Verkäufer ist darauf reingefallen. Er hat die Nummer sehr sorgfältig notiert. Du mußt das Gewehr also doch gekauft haben, Edward.«

Der Mann fuhr sich mit den Fingern durch die Perücke. »Sehr

wirklichkeitsecht«, sagte er noch einmal. »Falls ich je kahl werden sollte, werde ich mir so eine zulegen.« Er lachte. »Kein Selbstmordtyp? Edward, in dieser letzten Woche warst du der selbstmordanfälligste Mann in der ganzen Stadt. Genügend Leute werden das beschwören können.«

»Und was ist mit meinen Freunden? Und den Leuten im Büro?«

»Auch sie werden helfen. Immer wenn jemand Selbstmord begeht, fällt allen Leuten ein, wie merkwürdig der Betreffende in letzter Zeit war. Jeder wird dann dazu etwas sagen wollen. Und ich bin sicher, daß du über ihren Tod sehr schockiert und verzweifelt warst. Du mußtest doch den trauernden Witwer spielen, nicht wahr? Du hättest sie nicht umbringen dürfen, Edward. Ich habe sie sehr geliebt. Du hättest sie gehen lassen sollen, Edward.«

Wright schwitzte jetzt. »Du hast gesagt, du würdest mich nicht umbringen. Du hast gesagt, du würdest mich mit dem Gewehr allein hier lassen.«

»Du darfst nicht alles glauben, was man dir sagt«, sagte der Mann, schob Wright sehr schnell und geschickt den Gewehrlauf in den Mund und drückte ab. Danach ordnete er alles genauestens an. Er zog Wright einen Schuh aus und legte den Fuß so, daß es aussah, als hätte er den Abzug mit dem großen Zeh betätigt. Dann wischte er seine Fingerabdrücke vom Gewehr und brachte Wrights Abdrükke darauf an. Er ließ den Zettel auf dem Schreibtisch liegen, steckte die Geschäftskarte des Psychiaters in Wrights Brieftasche und stopfte die Quittung über das Gewehr und die Rechnung des Arztes in seine Tasche.

»Du hättest sie nicht umbringen dürfen«, sagte er zu Wrights Leiche. Dann schlüpfte er vor sich hin lächelnd durch die Hintertür aus dem Haus und verschwand in der Nacht.

Originaltitel: DEATH WISH. 3/67

Stephen Wasyliyk

Begegnung am Straßenrand

Mace Griffin wurde von der Dunkelheit überrascht. Die Sommernacht brach mit fließender, violetter Transparenz über die Straße herein, füllte die uralten Schluchten des Carolina Valleys, überflutete die sanft gewölbten Berge und wischte die Landschaft um ihn herum so völlig aus, daß Griffin das Gefühl hatte, er fahre auf dem Grund eines dimensionslosen schwarzen Lochs.

Das ruhige und gleichmäßige Brummen des Motors wirkte einlullend, und Griffin, der bereits eine zehnstündige Fahrt hinter sich hatte, mußte gegen den Eindruck ankämpfen, daß nicht er selbst sich fortbewegte, sondern daß der weiße Mittelstreifen unter ihm wegglitt. Und dann brach das Gewitter los. Der Sturm fegte durch das Tal, die Blitze zuckten in erschreckender Nähe, und der Regen peitschte mit solcher Gewalt gegen die Windschutzscheibe, daß Griffin alle Mühe hatte, die Fahrbahn noch zu erkennen und den Wagen auf der Straße zu halten.

Das Licht seiner Scheinwerfer erfaßte weiter vorn eine Bewegung, und als er näherkam, erkannte er die Gestalt einer kleinen, blassen Frau, die am Straßenrand stand und verzweifelt winkte.

Griffin hielt an. Hinter dem Mädchen war ein alter Lieferwagen zu sehen, der mit zwei Rädern im Straßengraben hing. Griffin beugte sich nach rechts, öffnete die Tür, und die junge Frau ließ sich auf den Sitz fallen. Tränen liefen ihr übers Gesicht. Im schwachen Licht der Innenbeleuchtung sah sie nicht älter als achtzehn aus. Das lange, blonde Haar hing in nassen, wirren Strähnen bis auf ihre Schultern. Das feingeschnittene Gesicht glänzte vor Nässe, und die dünne Bluse klebte ihr am Körper.

Sie klammerte sich an seinen Arm. Ihre Augen sahen ihn voller Angst an, und ihre Stimme klang vor Verzweiflung ganz dünn. »Bitte, Sie müssen mir helfen. Er will mich umbringen.«

»Wer?« fragte Griffin unbeholfen.

»Mein Mann.« Sie legte die Arme um ihren Oberkörper und wiegte sich vor und zurück wie ein frierendes verängstigtes Kind. »Bitte, fahren Sie doch los!«

Griffin fuhr weiter. »Warum sollte Ihr Mann Sie umbringen wollen?«

»Er ist so gemein. Er will mich umbringen, weil ich ihn verlassen habe. Er bedrohte mich.«

Solche Sätze hörte Griffin nicht zum erstenmal. Je nach Fall klangen sie mehr oder weniger dringlich. Er versuchte, seiner Stimme einen beruhigenden Klang zu geben.

»Das sagen Männer manchmal so hin. Dabei meinen sie es gar nicht so.«

»Er meint es so. Er wird mich ganz sicher umbringen.«

Die hoffnungslose Verzweiflung in ihrer Stimme jagte Griffin einen kalten Schauder über den Rücken. Er schaute zu ihr hinüber und sah, daß sie das Gesicht hinter den Händen verborgen hatte und leise vor sich hin schluchzte.

Mit ihr war ein dumpfer, modriger Geruch ins Auto gekommen. So als hätte man nach langer Zeit einen Schrank mit Kleidern geöffnet, der in einem feuchten Raum gestanden hatte. Sie strömte eine so große Kälte aus, daß sogar Griffin eine Gänsehaut bekam. Er drehte die Heizung an.

»Beruhigen Sie sich«, sagte er sanft. »Hier sind Sie sicher. Sind wir eigentlich in der Nähe einer Stadt?«

»Ja«, flüsterte sie.

»Dort gibt es doch bestimmt Polizei. Wir gehen hin, und die werden schon dafür sorgen, daß Ihr Mann Ihnen nichts tun kann. Wie heißen Sie eigentlich?«

»Selma Ann Monroe.«

Griffin konzentrierte sich wieder auf die Straße. Der Sturm schien seinen Zorn direkt gegen sie zu richten, versuchte das Auto von der Straße abzubringen und schleuderte wahre Wassermassen gegen die Windschutzscheibe, gegen die die Scheibenwischer mit gleicher Wut ankämpften. Die Bäume am Straßenrand schwankten unter der Gewalt des Windes.

Das Mädchen saß noch immer zusammengekrümmt da, das Gesicht hinter den Händen verborgen. Auch die Wärme, die jetzt das Auto durchströmte, konnte den moderigen Geruch nicht verdrängen.

Griffin seufzte. Wenn er klug gewesen wäre, würde er jetzt ein paar Kilometer weiter zurück in einem Restaurant sitzen und nach einem guten Essen genüßlich einen Whisky trinken.

Aber er war eben nicht klug gewesen. Überhaupt. Wie schon sein Chef gesagt hatte: »Wenn Sie eine Woche Urlaub nehmen wollen, um Ihre Schwester in Florida zu besuchen, dann setzen Sie sich in ein Flugzeug, und Sie sind in zwei Stunden da. Und nach dem Urlaub machen sie Sie es genauso. Wenn Sie allein die ganze Strecke hin und zurück fahren wollen, dann zeigt das nur, daß Sie kein Fünkchen Verstand besitzen.«

Jetzt war Griffin geneigt, ihm recht zu geben.

Ganz plötzlich tauchte die Stadt auf. Zuerst nur ein paar vereinzelte Häuser, dann durchfuhren sie das dunkel und verlassen wirkende Geschäftsviertel, das aus zweistöckigen Backsteinhäusern bestand. Als sie an eine Kreuzung kamen, an der riesige Ampeln grellgelbes Licht ausstrahlten, wußte Griffin, daß sie die Stadtmitte erreicht hatten, und er sah sich nach einer offenen Tankstelle oder einem Restaurant um, wo man ihm sagen konnte, wo er die Polizeiwache finden würde. Dann sah er das rote Neonlicht eines Motels.

Das Motel war nicht groß; ein langgestrecktes, weiß angestrichenes Gebäude, an dessen Vorderseite ein überdachter Gang entlanglief. Griffin fuhr vor dem erleuchteten Büro vor, lief um das Auto herum und öffnete dem Mädchen die Tür.

»Kommen Sie«, sagte er.

Aber sie blieb sitzen und sah ihn mit ängstlichen Augen an. »Nicht hier, bitte«, flüsterte sie.

Er legte ihr sanft die Hand auf den Arm und spürte wieder die Kälte ihres Körpers durch die nasse Bluse. »Sie brauchen keine Angst zu haben«, sagte er. »Drinnen ist es warm und trocken, und die Polizei wird sich schon um alles kümmern.«

Sie stieg so langsam aus dem Auto, als wandele sie im Schlaf.

Er stieß die Tür zu der kleinen Halle auf. Hinter dem Empfangspult war niemand zu sehen. In einer Ecke führte ein Fernsehapparat leise Selbstgespräche. An einer Wand standen ein paar billige Stühle aus Aluminium und Plastik. Griffin deutete auf sie und sagte zu dem Mädchen: »Setzen Sie sich dort hin und versuchen Sie, sich zu beruhigen.«

Er ging zum Empfangspult. Dahinter, den Blicken entzogen, lag ein noch sehr junger Mann mit über dem Bauch gefalteten Händen in einem Sessel. Er schlief tief und fest. Griffin klopfte auf das Pult.

Der Junge schrak mit weitaufgerissenen Augen hoch und brauchte einen Augenblick, ehe er sich wieder zurechtfand. Dann grinste er Griffin an.

»Tut mir leid«, sagte er. »Aber manche Sendungen sind wirklich zu langweilig. Möchten Sie ein Zimmer?«

»Ja«, antwortete Griffin. »Aber zuerst brauche ich die Polizei. Können Sie mir sagen, wo ich sie finde?«

»Sheriff Keeshaw müßte jetzt eigentlich zu Hause sein«, sagte der Junge. »Ich habe seine Nummer hier. Ist etwas nicht in Ordnung?«

»Nichts besonderes«, sagte Griffin. Er zog das Telefon heran. »Können Sie mir die Nummer geben?«

Der Junge sah in einem kleinen Buch nach. »Aber sicher.«

Griffin wählte. Eine Männerstimme meldete sich.

»Sheriff Keeshaw? Mein Name ist Mace Griffin. Ich habe ungefähr vierzig Kilometer weiter südlich eine junge Frau aufgegriffen. Ihr Lieferwagen war im Regen von der Straße abgekommen. Aber da liegt nicht das Problem. Sie sagt, daß sie ihrem Mann weggelaufen ist, weil er gedroht hat, sie umzubringen.«

Am anderen Ende der Leitung herrschte Schweigen. Dann: »Hat sie ihren Namen genannt?«

»Selma Ann Monroe.«

Wieder Schweigen.

Dann: »Wahrscheinlich sind Sie im Motel«, sagte Keeshaw.

»Ja.«

»Ist sie bei Ihnen?«

»Ja. Ich weiß zwar nicht, was hier vorgeht, aber mir kommt es so vor, als könnte sie Ihre Hilfe brauchen.«

»Bleiben Sie dort«, sagte Keeshaw drängend. »Und behalten Sie sie um Gottes Willen im Auge. Lassen Sie sie nicht fortgehen. Ich bin gleich da.«

Griffin hängte ein und drehte sich zu dem Mädchen um.

Der Stuhl war leer.

Das war doch nicht möglich, dachte Griffin.

Sie konnte nicht durch die Tür gegangen sein. Er hätte das Öffnen der Tür hören und auch den Luftzug spüren müssen. Sonst gab es nur noch die Tür hinter dem Empfangspult, und die hatte er die ganze Zeit im Auge gehabt.

Er drehte sich zu dem Jungen um. »Haben Sie gesehen, daß die junge Frau, die mit mir hereinkam, wieder gegangen ist?«

Der Junge sah ihn verständnislos an. »Ich habe überhaupt keine Frau gesehen.«

Griffin starrte ihn einen Augenblick lang an, ehe ihm klar wurde, daß der Junge die Wahrheit sagte. Er hatte geschlafen, als sie reinkamen, und das Pult hatte ihm den Blick auf ihren Stuhl versperrt.

Griffin lief in den Regen hinaus. Im Auto war sie auch nicht. Er ging zur Straße. Auch hier war niemand zu sehen.

Sie mußte also hinter seinem Rücken hinausgeschlichen sein. Aber der Junge hätte sie sehen müssen.

Das war doch nicht möglich, dachte Griffin wieder. Und sie konnte nicht einfach im Regen herumlaufen. Aber sollte der Sheriff sich darum kümmern.

Er ging ins Motel zurück, wo der Junge ihn zaghaft anlächelte.

»Ehrlich«, sagte er. »Ich hab sie nicht gesehen.«

Griffin winkte ab. »Ist auch egal. Geben Sie mir meinen Schlüssel. Wenn der Sheriff kommt, schicken Sie ihn in mein Zimmer.«

Er hatte seine Tasche aus dem Auto geholt, seine nassen Sachen gegen einen Bademantel getauscht und rieb sich gerade das Haar trocken, als es an der Tür klopfte. Er öffnete und sah vor sich einen Mann in mittleren Jahren, ungefähr so groß wie er selbst, aber schlanker und mit tiefen Falten um den energischen Mund. Der Mann trug einen Stetson und einen gelben Regenmantel, von denen das Wasser nur so tropfte.

»Kommen Sie rein«, sagte Griffin. »Hat der Junge Ihnen gesagt, daß die Frau weggegangen ist?«

»Er sagte, er hätte sie nicht gesehen«, sagte Keeshaw.

»Er saß ja auch hinter dem Pult«, antwortete Griffin und warf das Handtuch aufs Bett. »Trotzdem. Ich habe sie mitgenommen, und sie war hier. Es dürfte nicht so schwer sein, sie zu finden. Aber je länger wir warten, desto weiter kommt sie natürlich.«

Keeshaw nahm den Hut ab und zog den Regenmantel aus.

»Das eilt nicht. Ich könnte die Straßen die ganze Nacht lang durchsuchen. Sie wird nicht da sein.«

Griffin brauste auf. »Hören Sie, Sheriff. Ich bin heute den ganzen Tag gefahren und rechtschaffen müde. Ich habe diese Frau mitgenommen. Sie hat gesagt, daß sie Ärger habe, daß ihr Mann sie umbringen wolle. Ich habe sie hierhergebracht, und dann ist sie einfach verschwunden. Weshalb, weiß ich nicht. Sie war durchnäßt und halb erfroren und verängstigt, und wo sie in einer Nacht wie dieser hinwill, geht über meinen Horizont. Aber das ist nicht mein Problem. Ich habe getan was ich konnte, und jetzt sind Sie dran. Ich will nur noch eins, ins Bett gehen.«

»So einfach ist das alles nicht«, sagte Keeshaw. Er zeigte auf die Taschenflasche in Griffins offenem Koffer. »Sind da noch zwei Drinks drin? Ich glaube, wir werden sie brauchen.«

Griffin starrte ihn einen Augenblick lang an, füllte dann den Verschlußbecher der Flasche und goß einen Schluck Bourbon in das Zahnputzglas. Er gab es Keeshaw, der es auf einen Zug leerte und dann nachdenklich fragte: »Woher kommen Sie eigentlich?«

»Philadelphia. Ich bin auf dem Rückweg vom Urlaub in Florida.«

»Und was sind Sie von Beruf?«

»Ich bin bei der Polizei.«

Keeshaw sah ihn mit neuem Interesse an. »Das ist vielleicht ganz gut. Ich kann mir das, was ich Ihnen erzählen werde, nämlich absolut nicht erklären. Vielleicht finden Sie eine Lösung.

Vor ungefähr einem Jahr erhielt ich morgens um sechs Uhr einen Anruf aus diesem Motel. Ein Gast war auf dem Weg in die Halle an einer offenen Zimmertür vorbeigekommen. Er schaute hinein. Auf dem Boden lag ein ziemlich schlimm zugerichteter Mann. Es sah aus, als sei er tot. Als der Gast ins Büro rannte, um die Sache zu melden, fand er auch den Portier tot vor.

Als ich hinkam, stellte es sich heraus, daß der Mann im Zimmer doch nicht tot war, obwohl nicht mehr viel daran gefehlt hätte. Wir brachten ihn gerade noch rechtzeitig ins Krankenhaus. Er überlebte. Gott sei Dank, denn sonst hätten wir auch nicht die leiseste Ahnung gehabt, was sich hier abgespielt hatte. Der Mann war nur auf der Durchreise. In der Nacht hatte er eine junge Frau namens Selma Ann Monroe mitgenommen, deren Lieferwagen im Regen von der Straße abgekommen war. Sie sagte ihm, sie sei auf der Flucht vor ihrem Mann, der sie umbringen wollte. Der Mann brachte sie hierher, genau wie Sie auch. Er wollte die Polizei anrufen, aber sie sagte, sie komme schon allein zurecht. So bestellte er auch für sie ein Zimmer, und beide gingen schlafen. Danach wußte er nur noch eins: er hörte, wie jemand in sein Zimmer kam, und bevor er sich auch nur bewegen konnte, wurde er aus dem Bett gezerrt und bewußtlos geprügelt.«

Griffin beugte sich vor. »Und jetzt wollen Sie mir sagen, daß keine Frau da war.«

»Doch. Sie war dagewesen. Sie hatte sich ordnungsgemäß eingetragen, die Unterschrift stimmte. Und wir fanden in ihrem Zimmer eine Tasche, die zweifellos ihr gehörte. Ich kannte Selma Ann Monroe und ihren Mann gut.« Er schwieg, und Griffin glaubte, er habe plötzlich einen tiefen Schmerz in Keeshaws Augen gesehen.

»Die Story des Mannes war durchaus glaubhaft. Muncie Monroe ist nämlich ein von Geburt an gemeiner und brutaler Mensch. Ich glaube unbesehen, daß er Selma Ann umbringen wollte. Er behandelte sie so schlecht, wie man es sich nur vorstellen konnte, aber Selma Ann ist nicht dumm, und sie hat eine Menge Kampfgeist. Es war klar, daß sie sich das früher oder später nicht mehr länger gefallen lassen würde. Und jeder, der Muncie kennt, weiß, daß Muncie sie niemals gehen lassen würde. Wenn er sie nicht halten konnte, wenn er sie nicht brechen konnte, würde er sie eben umbringen. Und er ist der Typ Mann, der auch jeden anderen umbringen würde, der ihr in irgendeiner Weise helfen wollte.«

Keeshaw setzte sich rittlings auf einen Stuhl. »Ich stelle es mir so vor. Selma Ann hatte schließlich genug, nahm das Auto, kam damit von der Straße ab, ließ sich von dem Mann mitnehmen und fühlte sich dann im Motel ziemlich sicher. Aber der Portier, ein alter Mann, der seine Nase immer in die Angelegenheiten anderer Leute steckte, rief Muncie an und erzählte ihm, daß seine Frau mit einem fremden Mann im Motel aufgetaucht sei.

In der Liste der Telefonate ist ein Gespräch mit Muncies Anschluß verzeichnet. Aber er behauptet, Selma Ann selbst hätte ihn angerufen, um ihm zu sagen, sie käme nicht mehr zurück. Er wüßte nicht, von wo aus sie angerufen hatte. Meiner Meinung nach ist Muncie hierher gekommen, hat den alten Portier umgebracht, damit er keine Aussage machen konnte, den Mann, der Selma Ann half, niedergeschlagen und Selma Ann mitgenommen. Ich fuhr also zu Muncies Farm. Ich war sicher, daß sie dort wäre, aber Muncie behauptete, er habe sie nicht mehr gesehen, seit sie mit dem Auto weggefahren sei. Ich wußte, daß er log, und durchsuchte die Farm mit ein paar anderen Männern.

Wir fanden sie nicht. Und ich konnte weiter nichts unternehmen. Ich konnte nicht beweisen, daß er Hooper umgebracht, den anderen zusammengeschlagen und Selma Ann mitgenommen hatte. Und schließlich gab es eine kleine Chance, daß es ihr vielleicht gelungen war, ihm zu entkommen. Bis . . .«

»Bis was?«

»Vor ein paar Wochen erhielt ich wieder einen Anruf aus diesem Motel. Ein Lkw-Fahrer erzählte mir die gleiche Geschichte wie Sie. Als ich hierherkam, war die Frau verschwunden. Der Portier hatte keine Frau gesehen. Aber der Fahrer schwor, er hätte sie hergebracht. Ich durchsuchte die Stadt die ganze Nacht lang. Am nächsten Morgen fuhr ich zu Muncies Farm. Er sagte, er hätte sie seit der Nacht, in der sie verschwand, nicht mehr gesehen. Kommt Ihnen das nicht auch merkwürdig vor?«

»Merkwürdig ist reichlich gelinde ausgedrückt.«

»Okay«, sagte Keeshaw. »Dann versuchen Sie mal, das richtige Wort für das zu finden, was jetzt kommt. Letzte Woche war es ein Ehepaar aus Ohio. Sie nahmen sie an der gleichen Stelle mit und brachten sie hierher. Der Mann ging ins Büro und rief mich an. Seine Frau und Selma Ann blieben im Auto. Die Frau saß vorn und redete mit Selma Ann. Irgendwann bekam sie keine Antwort und drehte sich um. Selma Ann war weg. Und die Frau schwört, daß keine der beiden Türen geöffnet wurde.«

Er lächelte. »Und jetzt kommen Sie mit der gleichen Geschichte daher.«

Keeshaws Stimme klang jetzt bittend. »Vielleicht können Sie mir helfen. Was ist das bloß? Ein Geist? Ich kann Ihnen ja sagen, daß ich seit langem davon überzeugt bin, daß Muncie Selma Ann in jener Nacht umbrachte und irgendwo im Wald vergrub. Aber ich kann es nicht beweisen.«

Griffin schenkte sich noch einmal ein und trank in einem Zug aus. »Ich weiß auch nicht, was das sein könnte. Wenn ich das Mädchen nicht selbst hierhergebracht hätte, würde ich jetzt denken, daß Sie entweder verrückt sind oder mir einen Bären aufbinden wollen. Aber ich habe sie gesehen. Todsicher. Und ich will auch nicht die Existenz von Geistern leugnen. Ich habe schon viele merkwürdige Dinge gesehen. Aber wenn das Mädchen von heute abend nicht aus Fleisch und Blut war, dann weiß ich auch nicht.«

Er stand auf und ging mit den Händen in den Taschen seines Bademantels auf und ab. »Das ist ein ungewöhnliches Problem, und ich weiß nicht, wie ich Ihnen helfen könnte. Ich muß übermorgen wieder arbeiten, also morgen weiterfahren. Vielleicht klären Sie die Sache auf, aber ich kann Ihnen dabei nicht helfen.«

Keeshaw seufzte. Dann schrieb er etwas in einen Notizblock, riß das Blatt heraus und gab es Griffin. »Das ist meine Telefonnummer. Ich kann die Sache nicht vergessen. Sie werden es wahrscheinlich auch nicht können. Vielleicht fällt Ihnen was ein. Falls ja, rufen Sie mich bitte an, denn für mich steckt mehr dahinter als nur herauszufinden, warum ein Mädchen in der Gegend herumspukt. Ich bin sicher, daß Muncie Monroe zwei Morde auf dem Gewissen hat, und daß er immer noch frei herumläuft macht mich wahnsinnig.«

Keeshaw zog Hut und Regenmantel wieder an. »Rufen Sie mich an, Griffin. Wenn Sie irgendeine Idee haben, rufen Sie mich an.«

Griffin lag mit hinter dem Kopf verschränkten Armen im Bett. Seine Augen waren zwar geschlossen, aber die Unterhaltung mit dem Sheriff hatte jeden Gedanken an Schlaf verdrängt. Das Mädchen. War sie ein Geist? Sie hatte seinen Arm berührt, als sie ins Auto stieg, aber er hatte nicht den verzweifelten Druck ihrer Finger gespürt, nur eine eisige Kälte. Und den modrigen Geruch, den auch die Heizung nicht vertreiben konnte.

Er hatte nicht gesehen, daß sie das Motel verließ, und die Frau aus Ohio hatte nicht gemerkt, daß sie aus dem Auto stieg.

Geister konnten doch durch Mauern gehen, oder?

Griffin runzelte die Stirn.

Der Sheriff konnte natürlich verrückt sein, aber er machte nicht den Eindruck. Er sah eher wie ein Mann aus, der genau wußte, was er wollte.

Wieder das Mädchen. Geist oder nicht? In ihren Augen hatte ein so tiefer, verängstigter, bittender Ausdruck gelegen, daß man es einfach nicht in Worten fassen konnte. Vielleicht war sie ein Geist, aber der um Hilfe flehende Ausdruck ihrer Augen war ganz sicher wirklich. Diesen Blick kannte er.

Im Augenblick kann ich nichts tun, sagte er sich und zwang sich, an etwas anderes zu denken. Er nickte ein.

Und plötzlich war er wieder hellwach. Es dauerte ein paar Sekunden, ehe er wußte, wo er war. Und dann sah er sie in der Dunkelheit neben der Tür stehen, das Gesicht blaß, das blonde Haar hing ihr in nassen Strähnen ins Gesicht, und die Bluse klebte ihr am Körper.

Er bekam eine Gänsehaut. Bevor er mit dem Sheriff gesprochen hatte, wäre es ihm nicht im Traum eingefallen zu denken, das Mädchen sei nicht aus Fleisch und Blut.

Aber jetzt gab es keinen Zweifel, daß er noch nie etwas gesehen hatte wie diese Gestalt an der Tür. Sie war irgendwie lichterfüllt und durchscheinend, und sie schwebte mehrere Zentimeter über dem Boden. Und die Bitte in ihren Augen war flehender als je zuvor.

Unwillkürlich streckte Griffin die Hand aus, aber die Erscheinung war verschwunden, und er wußte nicht, ob er sie wirklich gesehen hatte oder ob ihm seine Phantasie und das sanfte Licht, das durch das Fenster fiel, einen Streich gespielt hatten.

Er blieb reglos liegen. Was sollte er nur mit dieser Geschichte anfangen? All seine bisherige Erfahrung half ihm nicht weiter. Und er konnte auch nicht erklären, was er gesehen hatte. Er wußte nur eines: Wenn er nicht irgend etwas tat, um ihre flehende Bitte zu erfüllen, würde er noch öfters nachts aufwachen und sie in der Dunkelheit stehen sehen.

Er lag im Bett und hörte dem Regen zu, der auf das Dach niederrauschte. Es war fast schon hell, als er sich aus dem Bett rollte, Licht machte und den Sheriff anrief.

Der Regen war jetzt nicht mehr so heftig, ein leichter Nebel hing im Tal. Keeshaw fuhr langsam und vorsichtig.

»Ich verstehe nicht, warum wir zu Muncie Monroe fahren sollen«, sagte er.

»Weiß er von diesen Vorfällen?«

»Nur von dem ersten. Ich habe ihm gesagt, daß ein Lastwagenfahrer eine Frau gesehen hat, die wie Selma Ann aussah.«

»Okay. Und dieses Mal werden Sie ihm eine kleine Lüge erzählen. Sie sagen ihm, daß jemand sie gefunden hätte und daß Sie sie ins Krankenhaus gebracht haben, weil sie phantasiert. Bis jetzt konnten Sie ihr noch keine Fragen stellen, aber in ein paar Tagen sei sie wieder in Ordnung.«

»Das wird er nicht glauben. Er hat sie vor einem Jahr umgebracht.«

Griffin schüttelte den Kopf. »Das glaube ich nicht. Wenn er das gewollt hätte, hätte er sie im Motel umbringen können. Und Sie hätten es genauso wenig beweisen können wie den Mord an dem Portier, was Monroe auch genau wußte. Er hat sie mitgenommen.«

»Aber warum ...«

»Sie haben es selbst gesagt. Er wollte sie zerbrechen.«

Keeshaw stoppte und starrte Griffin an. »Wollen Sie damit sagen, daß er sie seit einem Jahr gefangenhält? Irgendwo auf der Farm versteckt?«

»Wäre das so schwer zu bewerkstelligen?'

Keeshaw dachte einen Augenblick lang nach. »Nein«, sagte er dann leise. »Überhaupt nicht. Ich habe die Farm nur einmal durchsucht, und ein Mann wie Muncie bekommt verdammt wenig Besuch. Aber was ist mit dem Mädchen auf der Straße?«

Griffin beschloß, nichts von dem nächtlichen Besuch im Motelzimmer zu sagen. »Ich kann es nicht erklären. Ich habe nur das Gefühl, daß sie noch am Leben ist.«

»Dann trommele ich ein paar Männer zusammen und mache eine neue Durchsuchung.«

»Er ist nicht dumm«, antwortete Griffin darauf. »Er wird sie nicht irgendwo verstecken, wo Sie sie finden können. Egal, wie oft Sie suchen. Ich sage Ihnen, was er tun wird. Wenn Sie ihm erzählen, daß Sie Selma Ann gefunden haben, machen Sie ihn unsicher. Er wird Ihnen zwar ins Gesicht lachen, aber wenn Sie weg sind, wird er nach ihr sehen. Sie setzen mich irgendwo ab, wo ich ihn beobachten kann. Rufen Sie ihn aus dem Haus, sagen Sie es ihm, und dann fahren Sie wieder weg. Wickeln Sie die Sache so schnell wie möglich ab. Sie müssen so tun, als gebe es gar keinen Zweifel daran, daß sie es wirklich ist und daß Sie nur gekommen sind, weil er als ihr Ehemann ein Recht darauf hat zu erfahren, wo sie ist. Ich werde dann ja sehen, was er tut. Falls ich unrecht habe und er nichts unternimmt, können Sie immer noch die Durchsuchung einleiten. Aber wenn ich recht habe, wird er mich zu ihr führen.«

»Und was dann?«

»Dann seien Sie besser mit Ihrem Revolver zur Stelle.«

Keeshaw setzte ihn an einem Seitenweg ab. Den Angaben des Sheriffs folgend, kämpfte Griffin sich durch das nasse Unterholz zur Kuppe einer kleinen Erhöhung. Ungefähr dreihundert Meter weiter lagen die Farmgebäude. Er sah Keeshaw vorfahren, aussteigen und hupen.

Ein schwerer Mann mit dichtem braunen Haar und Bart, in Wetterjacke, Jeans und Stiefeln kam aus der Scheune und trat zu Keeshaw.

Keeshaw redete mit ihm, hob dann grüßend die Hand, stieg ins Auto und fuhr wieder fort.

Muncie Monroe blieb lange reglos stehen, drehte sich dann um und stieg mit weitausholenden, wütenden Schritten die kleine Anhöhe hinauf, wo Griffin wartete. Er lief nur wenige Meter von ihm entfernt an ihm vorbei. Griffin folgte ihm.

Monroe bog nach links ab und blieb stehen. Er bückte sich, zog einen Busch zur Seite. Dahinter kam die Tür einer halb in der Erde versenkten kleinen Hütte zum Vorschein, die aus groben Holzstämmen zusammengezimmert und vom Alter so dunkel geworden war, daß sie sich farblich nicht von der Erde und den Baumstämmen abhob. Um die Hütte herum wuchs dichtes Gestrüpp.

Monroe zog einen Schlüssel aus der Tasche, schloß auf, stieß die Tür auf und ging hinein.

Griffin hörte das Geräusch, mit dem eine Handfläche auf nackte Haut schlug, einen erbärmlich dünnen, zitternden Klagelaut, und schon stürmte er durch das Unterholz und blieb in der Tür stehen. Es war düster im Innern, aber Griffin sah das Mädchen auf der dünnen Matratze auf dem Boden. Mit einem Bein war sie an die Wand gekettet. Das blonde Haar war strähnig und verfilzt. Die Augen lagen als tiefe Schatten in dem weißen, eingefallenen Gesicht. Ihre Augen fanden seine und sahen ihn so flehend an wie in der Nacht vorher.

In seinem Entsetzen und dem tiefen Gefühl des Mitleids erinnerte sich Griffin daran, wie er einmal die Tür zum Haus einer alten Frau aufgebrochen hatte, weil Nachbarn gemeldet hatten, sie hätten sie seit einer Woche nicht mehr gesehen. Sie lag mit gebrochener Hüfte am Fuß der Treppe, unfähig, sich zu bewegen. Aber das war ein Unfall und niemandes Schuld. Das hier aber ...

Monroe stürzte sich mit einem Schrei auf Griffin, packte ihn am Hals und warf ihn auf die Erde. Die beiden wälzten sich kämpfend durch das nasse Unterholz. Monroes Körper war zäh und muskulös, er kämpfte mit wahnsinniger Kraft, aber Griffin schüttelte ihn ab und schleuderte ihn zur Seite. Als Monroe sich wieder auf ihn stürzte, packte Griffin einen Ast und schmetterte den Angreifer mit kalter Wut mitleidslos zu Boden. Er nahm die Schlüssel aus Monroes Tasche, rannte in die Hütte, suchte mit zitternden Fingern nach dem richtigen und öffnete die Kette, mit der das Mädchen an die Wand gefesselt war.

Als er das fast gewichtslose Mädchen in seine Arme hob, sah sie zu ihm auf und flüsterte etwas.

»Jetzt ist alles gut«, sagte Griffin sanft.

Keeshaw stürmte durch die Tür, erfaßte alles mit einem Blick, streckte die Arme aus und sagte mit Tränen in den Augen: »Ich nehme sie.«

»Nein«, sagte Griffin. »Kümmern Sie sich um Monroe.«

»Sie hätten ihn totschlagen sollen.«

»Habe ich vielleicht auch. Falls nicht, binden Sie ihn fürs erste an einen Baum. Wir müssen sie ins Krankenhaus bringen.«

In dem kleinen Restaurant in der Stadt schob Griffin seinen leeren Teller zur Seite. »Ein ausgezeichnetes Frühstück«, lobte er.

Keeshaw grinste. »Das beste in der ganzen Stadt. Das war ich Ihnen zumindest schuldig.«

Griffin trank seinen Kaffee aus. »Ich laufe zwar nicht gern so schnell fort, aber wenn ich mich morgen nicht pünktlich zum Dienst melde, wird man mich bei lebendigem Leib häuten. Und ich habe es noch weit.«

»Ich komme mit Ihnen zum Auto«, sagte Keeshaw.

Der Regen hatte aufgehört. Alles glänzte noch vor Nässe, und der Wind fegte niedrig hängende, schmutzige Wolken über die Stadt.

»Wieso waren Sie eigentlich so sicher, daß sie noch lebte?« fragte Keeshaw.

Griffin lehnte sich gegen sein Auto. »Ich weiß nicht, wen oder was ich und die anderen an der Straße mitgenommen haben. Offensichtlich nicht das Mädchen. Sie war ja dauernd angekettet. Aber was immer es auch war, ich sah den Blick in ihren Augen, einen Blick, den ich schon oft bei Menschen gesehen habe, die sicher sind, daß sie sterben werden, und verzweifelt um Hilfe flehen. Und dieser Blick konnte einfach nicht in ihren Augen liegen, wenn Sie recht hatten und sie schon tot war und ich einen Geist gesehen hatte. Und wenn sie noch lebte und auf irgendeine Art versuchte, Hilfe zu erreichen, wo konnte sie dann sein? Sie mußte auf Muncies Farm sein.«

Keeshaw schüttelte den Kopf. »Wir werden wohl nie erfahren, was es war, was Sie und die anderen sahen.«

»Wenn ich zu Hause bin, werde ich mit ein paar Leuten von der Universität reden. Sie haben bestimmt Berichte über ähnliche Fälle, aber ich glaube nicht, daß sie die Sache erklären können.« Griffin lächelte. »Sie werden Begriffe wie Telepathie und Materialisierung verwenden, aber im Endeffekt wird es darauf hinauslaufen, daß irgendein Teil in dem Mädchen nicht sterben wollte und nach Hilfe suchte.

Sie sagten selbst, daß sie viel Kampfgeist besitzt. Sie haben recht. Denn sonst hätte Monroe sie schon vor langer Zeit gebrochen.«

Er stieg ins Auto. »Passen Sie gut auf sie auf. Sie haben nur ihre Aussage, sonst nichts.«

Keeshaw schüttelte den Kopf. »Ich brauche keine Aussage. Ich habe es Ihnen noch nicht erzählen können, aber als ich zu Monroe zurückging, hat er mich wie ein wildes Tier angefallen. Ich mußte ihn erschießen.«

Griffins Kopf flog herum. Er starrte Keeshaw an. Der Sheriff hielt seinem Blick unbeirrt stand.

Griffin ließ den Wagen an. »Ich glaube, Sie sollten mir besser al-